burda

Schonkost
für die ganze Familie
Über 200 Rezepte

W0173097

Pawlak

Lizenzausgabe 1989 für
Manfred Pawlak Verlagsgesellschaft mbH, Herrsching
© 1978 Verlag Aenne Burda, 7600 Offenburg
Alle Rechte vorbehalten
Redaktion: Ute Meyer
burda-Kochstudio: Ernst Birsner
burda-Fotostudio: Gerd Feierabend
Illustration: Dorothee Hartmann
Umschlaggestaltung: Bine Cordes, Weyarn
Umschlagfoto: Studio Fischer, München
Printed in Italy
by Arti Grafiche VINCENZO BONA s.p.a.
ISBN: 3-88199-501-3

Inhalt

Essen – Trinken – Schonkost

Essen und Trinken ist etwas Angenehmes, erhöht die Lebensfreude und ist lebensnotwendig. Ohne Nahrung gibt es kein Leben.

Mit ihr werden dem Körper die Stoffe zugeführt, die er zur Erhaltung und zum Aufbau, als Kraft- und Wärmespender und zum reibungslosen Ablauf aller Lebensvorgänge braucht. Diese Nährstoffe sind Eiweiß, Fett, Kohlenhydrate, die Vitamine, Mineralstoffe, Spurenelemente und nicht zuletzt das Wasser. Alle sind wichtig, nur die Menge, die gebraucht wird, ist unterschiedlich. Vollnutzbar sind diese Nahrungsbestandteile aber erst, wenn sie den Verdauungsprozeß durchgemacht haben. Bei diesem komplizierten Vorgang werden die Nährstoffe aus den Lebensmitteln in kleinste Bestandteile zerlegt und anschließend neu, zu körpereigenen Stoffen aufgebaut. (Siehe S. 138)

Erkrankt ein Verdauungsorgan, kann es seine Aufgaben nur eingeschränkt erfüllen. Der Stoffwechsel ist gestört.

Der Arzt wird die Behandlung mit Medikamenten meistens durch die Behandlung mit einer besonderen Ernährung unterstützen. Eine strenge, individuelle **Diät** wird er bei schweren akuten Erkrankungen verordnen.

Mit wachsender Gesundung und im unkomplizierten Krankheitsstadium ist dann eine, die Organe schonende, entlastende Kost angebracht; ebenso bei dauernder Überempfindlichkeit (man nennt sie Schonkost).

Unter **Schonkost** verstehen Mediziner heute eine besondere Form der „Normalkost". Die Abweichungen beschränken sich im wesentlichen auf die Auswahl der Lebensmittel und deren Zubereitung.

Schonkost ist angebracht:

Magen/ Darm
- ★ Nach akuter oder bei chronischer Magenschleimhautentzündung
- ★ bei abklingenden Magen- und Zwölffingerdarmgeschwüren
- ★ bei Überempfindlichkeit und Neigung zu diesen Erkrankungen.

Leber
- ★ Nach akuter chronischer Entzündung
- ★ bei bestehender Fettleber
- ★ bei Leberschrumpfung.

Galle
- ★ Nach akuter oder bei chronischer Entzündung der Gallenblase oder der Gallenwege
- ★ bei besonderer Empfindlichkeit.

Worauf es bei der Schonkost ankommt

- ● Schonkost soll vollwertig im Nährstoffgehalt sein und ausreichend Kalorien/Joule enthalten, die Energie und Wärme liefern.

- ● Schonkost soll den Stoffwechsel entlasten und die Verdauungsorgane schonen. Sie muß also leicht verdaulich sein.

- ● Schonkost soll dem Patienten gut bekommen, sie darf also keinerlei Beschwerden verursachen.

- ● Schonkost soll abwechslungsreich sein, ansprechend aussehen und vor allem gut schmecken.

Oberstes Gebot:
Gut bekömmlich,
leicht verdaulich

Jeder Patient weiß aus eigener Erfahrung meist am besten, was ihm „guttut" und was er besser nicht ißt. Das ist natürlich individuell sehr unterschiedlich, doch gelten einige allgemeine Regeln.

Speisen und Getränke bekommen gut und sind leicht verdaulich,

- wenn sie möglichst kurze Zeit im Magen bleiben (s. S. 139),
- wenn sie mäßig temperiert verzehrt werden; nicht eiskalt und nicht kochendheiß.
- Wenn sie möglichst frei von Reizstoffen sind (Alkohol, Bratkrusten und Röststoffe z. B. aus Kaffee und Geräuchertem).
- Wenn sie mild gewürzt sind, also nur mäßig süß (keine reinen Zuckerwaren) und nicht zu salzig (z. B. keine Brezeln mit Salz bestreut), nicht scharf (orientalische Pfeffer- oder Curryküche) und nicht zu sauer sind,
- wenn sie nicht blähen (Kohlensäure, Hülsenfrüchte, Kohl, Zwiebeln, frisches Brot und Hefegebäck).

Das sollten Sie meiden!

● Wenn sie möglichst frei sind von unverdaulichen, groben Bestandteilen (Schalen von Tomaten, Kerne und Schalen von Trauben, Spelzen der Haferflocken).

● Wenn sie „weich" und locker in ihrer Konsistenz sind, um gut von den Verdauungssäften durchdrungen zu werden (Kartoffelbrei, aber kein Kartoffelsalat, zarte Rinderlende, aber kein grobfaseriges Ochsenfleisch).

Das bekommt Ihnen!

● Wenn sie in bestimmter Art zubereitet sind: gedünstet, gedämpft, gekocht, in Alu- oder Bratfolie, im Grill, im Römertopf. Das Fett wurde dabei nicht über 100° erhitzt. Die Speisen haben keine festen Krusten und sind nur hell gebräunt.

● Wenn sie reichlich Kohlenhydrate (außer Zucker) enthalten und leicht verdauliche Fettsorten verwendet werden (Diätmargarine, Keimöl).

Gut bekömmlich

sind Speisen und Getränke, wenn sie nach dem Verzehr keinerlei Gefühl des Unbehagens oder gar Schmerzen hervorrufen.

Leicht verdaulich

sind Speisen und Getränke, wenn die Verdauung störungsfrei verläuft. Die Nahrung im Magen und Darm, auch unter Mitwirkung von Leber und Galle, so verarbeitet wird, daß der Körper alle Nährstoffe voll nützen kann.

11

Schonkost
soll vollwertig sein

Vollwertig ist die Kost, wenn sie die Nährstoffe Eiweiß (E), Fett (F), Kohlenhydrate (KH), Vitamine und Mineralstoffe im ausgewogenen Verhältnis und in ausreichender Menge enthält und die Kalorienzahl, die diese Nährstoffe liefert, nicht größer ist, als der Körper bei Arbeit und Bewegung verbraucht.

Die Ausgewogenheit im Energiegehalt, also in Kalorien oder – wie sie jetzt heißen – in Joule, können Sie mit der Waage kontrollieren. Normalgewicht sollte sie anzeigen (Näheres s. Seite 139). Bei Übergewicht wird Ihnen der Arzt sicher zum Abnehmen raten, und sollten Sie zu wenig wiegen, wird er empfehlen, die Kalorien „aufzustocken" (Tip dazu Seite 29).

Die Ausgewogenheit im Nährstoffgehalt ist mit Nährwertberechnungen exakt zu ermitteln. Sie brauchen aber nicht nach Tabellen zu essen. Für die Praxis reichen ein paar Grundregeln und Faustzahlen. Doch daran sollten Sie sich halten.

Die vollwertige Schonkost enthält täglich	
● reichlich leichtverdauliche KH	
● ausreichend Eiweiß	60–80 g
● wenig Fett. Nicht mehr als (das sind 50–60 g zur Speisenbereitung und als Brotaufstrich)	90 g
● genügend Vitamin C; also etwas Frisches essen	70 mg
● bevorzugt Vitamin B_1 reiche Lebensmittel	1,8 mg
● ca. 2 200 Kalorien oder für „Leichtarbeiter" (Hausfrau u. Mann mit Schreibtischarbeit)	9 200 Joule

▶ Kohlenhydrate

Wichtige **kohlenhydratehaltige Lebensmittel** sind:
Alles aus Getreide (wie Mehl,
Brot, Grieß, Reis, Haferflocken);
Kartoffeln, Obst und
Gemüse; Zucker. Bevorzugen
Sie Vollkornerzeugnisse,
diese enthalten zusätzlich
Vitamin B_1. Verwenden
Sie Zucker nur in
geringen Mengen.

▶ Eiweiß

Hochwertiges Eiweiß
ist in tierischen
Lebensmitteln wie
Milch, Fleisch,
Fisch, Quark, Käse.

▶ Fett

Fette sind die Speisenfette, Butter, Margarine, Speck, Öl.
In der Schonkost sind Fette mit reichlich essentiellen
Fettsäuren wichtig.
Diese sind lebensnotwendig, wirken ähnlich wie Vitamine und
haben eine gewisse schützende Funktion für Herz und Kreis-
lauf. Reich an essentiellen Fettsäuren sind Pflanzenmargarine
(Diätmargarine), Sonnenblumenöl.

*Verborgenes oder verstecktes Fett nennt man das in Lebensmitteln
und Speisen enthaltene, aber nicht sichtbare Fett.*

Vitamine und Mineralstoffe

werden nur in geringen Mengen gebraucht.
Wer abwechslungsreich und vielseitig ißt, bekommt, was er
haben muß. Kritisch kann es werden bei **Vitamin B_1**,
dem Nervenvitamin, das nur in wenigen Lebensmitteln in
größerer Menge enthalten ist und genau wie das
Vitamin C hitzeempfindlich ist und durch Kochen zerstört
wird. Kalk (Calcium) brauchen Kinder und Erwachsene
zum Aufbau und zum Erhalt, z. B. der Knochen und Zähne.
Milch und Käse sind calciumreich.

▶ Vitamin B$_1$

Der Tagesbedarf ist 1,8 mg – eine geringe Menge, aber noch weniger ist in den Lebensmitteln.
Zu den Vitamin-B$_1$-reichen gehören:

	Es enthalten 100 g
Leber	0,3 mg Vit. B$_1$
Herz	0,6 mg Vit. B$_1$
Schweinefleisch	0,7 mg Vit. B$_1$
Schinken	0,4 mg Vit. B$_1$
Haferflocken	0,4 mg Vit. B$_1$
Vollkornbrot	0,3 mg Vit. B$_1$

Tip: Hefeextrakt, ein herzhaftes Würzmittel aus dem Reformhaus, enthält viel Vitamin B$_1$

▶ Vitamin C

ist reichlich in Obst, Gemüse und Salat. 50 mg Vit. C, das sind $^2/_3$ des Tagesbedarfs, sind enthalten in

100 g Erdbeeren
100 g Orangensaft
100 g Spinat
250 g Kartoffeln
250 g Äpfeln
1 TL Petersilie, frisch
gehackt = 10 mg
Vitamin C

Verborgenes Fett in der Wurst		
Es enthalten 100 g	g Fett	
Corned beef dt.	6	*Übrigens wird*
Lachsschinken	7	*im Handel*
Bierschinken	19	*jetzt auch die*
Frankfurter	21	*Fettmenge*
Wiener	21	*in der Wurst*
Schinken, gekocht	21	*genau ge-*
Weißwurst	22	*kennzeichnet.*
Leberkäse	23	
Fleischwurst	27	
Kalbsbratwurst	31	
Leberwurst	41	

Käse gibt es in acht Fettstufen

Magerstufe, weniger als	10% F. i. Tr.	*F. i. Tr. = Fett*
Viertelstufe, mindestens	10% F. i. Tr.	*in Trockenmasse.*
Halbfett, mindestens	20% F. i. Tr.	*Damit ist der*
¾ fett, mindestens	30% F. i. Tr.	*Fettgehalt von*
Fettstufe, mindestens	40% F. i. Tr.	*Käse gekenn-*
Vollfett, mindestens	45% F. i. Tr.	*zeichnet, in*
Rahmstufe, mindestens	50% F. i. Tr.	*Prozent von 100 g*
Doppelrahm, mindestens	60% F. i. Tr.	*Trockenmasse.*
	und mehr	

Eiweiß und Fett in Lebensmitteln

Die hochwertigen eiweißreichen Lebensmittel enthalten oft viel Fett, auch wenn man es nicht sieht. Schon beim Einkauf ist das zu berücksichtigen. Vergleichen Sie selbst

Es enthalten 100 g	g Eiweiß	g Fett
Trinkmilch	3	3,5
Fettarme Trinkmilch	3	1,5
Buttermilch	3	1,5
Speisequark Magerstufe	17	4
Sahnequark 40% Fett i. Tr.	12	11
Trinkmilchjoghurt ohne Früchte	5	3
Trinkmilchjoghurt mit Früchten	3	3
Magerjoghurt ohne Früchte	5	Spuren
Magerjoghurt mit Früchten	3	Spuren
Brie 50% Fett i. Tr.	23	28
Schmelzkäse 45% Fett i. Tr.	14	24
Edamer 30% Fett i. Tr.	26	16
1 Ei*	7	6
sehr mageres Fleisch ca.	20	10
Geflügel ca.	22	5
Forelle	19	2
Schellfischfilet	18	Spuren
Krabben	19	2

* Fett ist nur im Eigelb enthalten.

Zur Magenschonkost noch ein paar besondere Tips:

★ Der Magen soll immer etwas zu tun haben, nie ganz leer, aber auch nie überfüllt sein. 5–6 Mahlzeiten sind günstig. Für nachts z. B. leichten schwarzen Tee, Fruchtsaft, Zwieback bereitstellen.

★ Meiden Sie sorgfältig die Nahrungsbestandteile, die die Magenschleimhaut reizen: Heißes, Eiskaltes, Scharfes, Süßes, Salziges, Geräuchertes, Bohnenkaffee, Alkohol, Blähendes, Gebratenes. Unverdauliche, feste Substanzen, z. B. Zellulose. Sorgfältig mild würzen, Kräuter verwenden.

★ Gut kauen; Speisen auch mal passieren. (Wenn's eilt, probieren Sie's mal mit Baby Food, der Fertignahrung in Gläsern oder Fertigbreien.)

★ Berücksichtigen Sie die Unverträglichkeit bestimmter Lebensmittel. Viele Magenkranke sind empfindlich gegen Milch. Besser vertragen werden z. B. Milch-Mixgetränke, gesäuerte Milchprodukte.

★ Gegen zu viel Magensäure hilft es manchmal, etwas Fett zu essen (1–2 Eßlöffel saure Sahne, Butter, Öl).

★ Morgens nüchtern 1 Glas Mineralwasser (ohne Kohlensäure) trinken wirkt gegen Verstopfung.

Besonders bei Leber-Galle-Schonkost zu beachten:

★ Sie soll 50–60 g Eiweiß aus tierischen Lebensmitteln enthalten (wenn vom Arzt nicht anders verordnet).

★ Milcheiweiß ist besonders günstig in der Zusammensetzung. Gewöhnen Sie sich an, täglich ½ l Milch (1,5% Fett) und 50 g Quark (10% Fett) zu verbrauchen. Sie erhalten damit schon 25 g Eiweiß.

★ Magere Eiweißträger wählen.

★ Verbrauchen Sie nicht mehr als 50–60 g Fett (Butter, Diätmargarine, Öl) als Aufstrichfett und zur Speisenzubereitung.

1 EL Margarine/Butter gestr.	= ca. 15 g
1 TL Margarine/Butter gestr.	= ca. 5 g
1 EL Speiseöl	= ca. 12 g
1 TL Speiseöl	= ca. 4 g

★ Keinen Alkohol bei Leberschaden.

★ Berücksichtigen Sie die Unverträglichkeit gegen bestimmte Lebensmittel. Bei Galleerkrankungen sind das alle fetten Lebensmittel, Schlagsahne, scharf gerösteter Bohnenkaffee, Eisgekühltes.

Auch das ist wichtig:

- Essen Sie so vielseitig wie möglich, dann ist am ehesten gewährleistet, daß die Kost vollwertig ist, auch an Vitaminen und Mineralstoffen.

- Nützen Sie das vielfältige Lebensmittelangebot, auch die zahlreichen vorgefertigten Produkte.

- Nehmen Sie täglich 5 kleinere Mahlzeiten zu sich. Das bekommt besser als 3mal reichlich zu essen.

- Lassen Sie sich Zeit beim Essen und kauen Sie gut („Gut gekaut ist halb verdaut").

- Essen Sie das, worauf Sie Appetit haben und was Sie gern mögen. Das wird Ihnen auch bekommen. (Vorausgesetzt, Sie beachten die allgemeinen Schonkostregeln.)

- Umgekehrt: Meiden Sie Ärger und Hetze. Gereizte Stimmung und Depressionen können der Bekömmlichkeit schaden.

- Kochen Sie für andere, denken Sie besonders daran: Das Auge ißt mit! Schonkost ist nicht gleichzusetzen mit fad aussehendem Essen.

Auswahl von Lebensmitteln, Speisen und Getränken

Mit der Zusammenstellung wollen wir Ihnen Hilfe für die Auswahl von Lebensmitteln, Speisen und Getränken geben. Sie nützt zu Hause und erleichtert die Auswahl im Restaurant. Die Liste erhebt keinen Anspruch auf Vollständigkeit. Sie ist vielmehr als Richtungsweiser gedacht. Unberücksichtigt bleiben muß auch individuelle Unverträglichkeit. – Industriell vorgefertigte Lebensmittel und Fertiggerichte können mitverwendet werden, wenn ihre Zusammensetzung und Zubereitung den Schonkost-Richtlinien entspricht. Als „Diätetische Lebensmittel" angebotene Erzeugnisse müssen einen besonderen Hinweis enthalten, für welche Diät oder Schonkost sie geeignet sind.

M: Es folgen Hinweise für Magenschonkost
L/G: Es folgen Hinweise für Leber/Galleschonkost

Gut geeignet und empfehlenswert	nicht zu empfehlen

● Fleisch

Alle Sorten Fleisch und Fleischwaren von Schlachttieren, Geflügel und Wild, wenn sie mager und zart sind.

.Vom Kalb: alle Teile.

Vom Schwein: Filet, Lende, Schnitzelstück.

Vom Rind: Filet, Lende, Roastbeef, Beefsteak (Oberschale, Kluft, Kugel).

Vom Lamm: Filet, Schnitzel, Kotelett (o. Fett), Keule, Rücken.

Innereien: Leber, Herz, Nieren, Bries, Zunge (M: nur bedingt).

Wild: Kaninchen, Hase, Reh (Filet und Medaillons, Rücken), Fasan, Rebhuhn, Hirsch und Wildschwein (M: nur bedingt).

Geflügel: Huhn, Hähnchen, Poularde, Truthahn, Taube. –

Zubereitet als Frikassee, Haschee, Geschnetzeltes in verschiedenen Soßen, in Folie, gegrillt, gedünstet, gekocht; Hackbraten, Klopse, Tatar, Fleischsülze, Puddings, Aufläufe.

Geflügel ohne Haut verzehren.

Fettes, grobfaseriges, festes Fleisch (Ochsenfleisch; Schweinefleisch, Hammel, fettes Suppenhuhn, Gans, Ente; Speck). In Fett Ausgebackenes, paniert Gebratenes, stark Gepökeltes und Geräuchertes, Fleischpasteten. Fleischsalate in fetter Mayonnaise.

● Schinken/Wurst

Schinken: Lachsschinken, gekochter Schinken o. Fettrand, gekochter Vorderschinken, Rindersaftschinken, Kassler dünne Scheiben o. Fettrand, Bündner Fleisch (für M nur bedingt), Kalbsleberwurst, Teewurst (für L/G nur bedingt), Cornedbeef, Dosenwürstchen, Frankfurter Würstchen, Wiener Würstchen ohne Haut, Lyoner, Mortadella, Fleischwurst, Gelbwurst, Münchner Weißwurst, Münchner Leberkäs, Fleischkäse, Kalter Braten, Geflügelsülze, Fleischsülze, Putensülze, Putenwurst.

| **Gut geeignet und empfehlenswert** | **nicht zu empfehlen** |

● **Fische, Schalen- und Krustentiere**

Barsch, Brasse, Felchen (Renke), Forelle, frischer Lachs, Hecht, Schleie, Flunder, Kabeljau, Seelachs, Schellfisch, Rotbarsch (Goldbarsch), Scholle, Seezunge, (Steinbutt, Makrele für L/G nur bedingt), frischer Thunfisch, Tintenfisch (für M nur bedingt), Hummer, Krebse, Krabben (für M evtl. grob gehackt). –

Gedünstet mit Zitronensaft, Weißweinmischungen, blau; in Folien im Römertopf; gegrillt. Fischsuppen mit Gemüse, Fischsalate, Aufläufe, Klößchen; in Aspik; Fisch ohne Haut verzehren.

Muscheln, Aal, Hering, Heilbutt (für L/G), Karpfen, Ölsardinen, Thunfisch und Seelachs in Öl, Räucherfischwaren, Fischmayonnaise, Fischmarinaden, Stockfisch.

● **Milch und Sahne**

Für L/G fettarme Sorten wählen. – Trinkmilch, Buttermilch, Dickmilch, Kefir, Joghurt mit und ohne Früchte, Fertigdesserts aus Milch und Joghurt, saure Sahne, Kondensmilch.

Für M süße Sahne ungeschlagen und geschlagen, Sahne in Speisen; Kondensmilch 10% F. Für L/G nur geringe Mengen saure Sahne in Speisen verteilt.

Für L/G süße Sahne geschlagen, pur.

● **Quark und Käse**

Alle milden Frisch-, Weich- und Schnittkäse; Quark für M in allen Fettstufen, für L/G besonders Magerquark und Käse möglichst nicht über 45% F. i. Tr.; Schichtkäse, Frischkäse (mild gewürzt), Doppelrahm-Frischkäse (L/G bedingt), Schmelzkäsezubereitungen, nicht ausgereifter Brie und Camembert, Butterkäse (Bel Paese), Trappistenkäse (z. B. Port Salut), Schafskäse, Edamer, Gouda,

Alle scharfen Käse (Harzer, Limburger), ausgereiften Camembert und Brie, scharf gewürzte Weichkäse, alle Hartkäse; für L/G Käse über 45% F. i. Tr.

Geheimratskäse, Holländer; Parmesan und Mozarella **nur** zum Würzen, gerieben in kleinen Mengen. –
Als Brotbelag, in Suppen, Soßen, zum Überbacken, in Salaten.

● **Eiscreme**

Geschmolzen als Creme zu Desserts und Früchten.

● **Eier**

Rohes Ei zum Legieren von Suppen und Soßen, rohes Eigelb in Suppen (nur für M geeignet), weichgekochte, verlorene Eier, 3. Min. Ei-im-Glas, (L/G 1 Stück) Schaumomelett ohne Fett zubereitet, weiches Rührei, diät. Spiegeleier (s. S. 135), Eischnee, Eierstich, Eierflocken; geringe Menge hartgekochtes Ei, ganz fein gehackt, untergemischt in Salaten.	Hartgekochte Eier, Spiegeleier und Rührei gebraten, in Fett oder mit Speck, Soleier, Russische Eier, Mayonnaisen, Eiersalat. Für L/G rohes Eigelb.

● **Streichfett/Öl**

Butter, Milchhalbfett, Diätmargarine und hochwertige Pflanzenöle mit reichlich essentiellen Fettsäuren (Keimöle, Sonnenblumenöl, Safloröl), Olivenöl.	Schmalz, Gänsefett, Talg, Speck, Plattenfette.

● **Mayonnaisen/Soßen**

Salatcreme, ½ fett Mayonnaise (50 %) mit Joghurt vermischt, Tomatenketchups.	Mayonnaise, Engl. Saucen, Relishes, scharfe Fertigsoßen, Buttersoße, Sauce Béarnaise und Sauce Hollandaise.

bedingt geeignet: Fertige Salatsoßen

Gut geeignet und empfehlenswert	nicht zu empfehlen

● Kartoffeln und Beilagen

Salzkartoffeln, Kartoffelbrei, Kartoffel-
schnee, lockere Kartoffelklöße aus
gekochten Kartoffeln, Klöße „Halb und
Halb", lockere Kartoffeln in Alufolie
zubereitet. Kartoffelsuppen, Brühkar-
toffeln, lockere Semmel- und Grieß-
klöße, Reis, Nudeln, Spätzle.

Pommes frites, Brat-
kartoffeln, Rösti, Kar-
toffelpuffer, Kartof-
felbeilagen in Fett ge-
backen und gebraten
(Kroketten), Kartof-
felsalat, Pellkar-
toffeln, feste Mehl-
klöße.

bedingt geeignet für L/G:
Frische Pellkartoffeln, Béchamelkartoffeln

● Teigwaren, Reis und Nährmittel

Alle Nudelsorten, Reis, Grieß, lockere
selbstgemachte Spätzle gekocht, gedünstet, in Suppen, als Beilage, kalt in
Salaten, Puddings, Aufläufe, Milchbreie.
Haferflocken, fein und mittelfein, u. a.
Getreideflocken (Cornflakes, Weizenkeime, feiner Weizenschrot), Sago,
Tapioka, Mehl, Stärkepuder, Weizenkeime, feine Graupen, Grütze. In Mehl-
speisen, in Müsli; Nockerl, lockere Klöße,
Flammeris, Milchbrei, mit Milch über-
gossen, dazu Obst; Grünkern in Suppen.

Grobe Getreideer-
zeugnisse mit Spelzen
oder in Fett gebräunt
als Suppeneinlage,
abgeschmelzt und
gebraten als Beilage.

● Brot, Gebäck

Weißbrot und Brötchen vom Vortag,
Weizenbrot, trockenes Grahambrot,
abgelagertes Mischbrot, Buttermilch-
brot, lockeres feines Vollkornbrot,
feines Knäckebrot, Zwiebäcke,
abgelagertes einfaches Hefegebäck,
Biskuit, Kekse, Cräcker.

Frisches Brot, alle fe-
sten, feuchten Brot-
sorten mit groben
Getreideteilen; fri-
sches Hefegebäck,
Gebäck aus Blätter-
teig, Mürbteig, in Fett
Gebackenes (Pfann-
kuchen, Krapfen), Nuß-
und Mandelgebäck.

bedingt geeignet: Einfacher Rührteig für L/G.
Quarkblätterteig, Leinsamenbrot, Steinmetzbrot

Gut geeignet und empfehlenswert	nicht zu empfehlen

● Zucker/Süßwaren

Haushaltszucker in kleinen Mengen, Traubenzucker, Fruchtzucker, Zuckeraustauschstoffe mit Sorbit, Honig, feine Marmeladen, Gelees, Fruchtpasten;
in ganz geringer Menge: Bonbons, Kaugummi, Geleefrüchte, Schokoladenstreusel zum Verzieren.

Konzentrierte Süßwaren, z. B. Bonbons, Pralinen, Schokolade, kandierte Früchte, Marzipan.

bedingt geeignet nur für M:
Erdnuß-Brotaufstriche

● Obst – frisch, Kompott und Saft

Bei Obst bes. die individuelle Verträglichkeit beachten! Nur gut ausgereiftes Obst wählen. Früchte schälen, grobe Kerne (Trauben) entfernen. Frisch und als Saft: Apfel, Birnen, geschält, Bananen; Erdbeeren, Himbeeren, reife Aprikosen und Pfirsiche (ohne Haut), Melonen.
Als Kompott außerdem Heidelbeeren, Kirschen, Mirabellen, Fruchtcocktails, Mandarinen, Ananas (M ganz fein geschnitten), Orangen.
Rohe Säfte von den genannten Früchten. Kompott wird besser vertragen als frisches Obst. Saure Säfte evtl. mit Milch mischen. Rohes Obst ist püriert am bekömmlichsten.

Unreifes Obst; Apfel, Birnen, Pfirsiche mit Schale, Johannisbeeren, Pflaumen.

bedingt geeignet:
Johannisbeeren als Saft, verdünnter Grapefruitsaft;
Feigen feingehackt; Nüsse feingemahlen.
Frische Orangen, Mandarinen und Grapefruit

● Gemüse

Besonders die individuelle Verträglichkeit beachten!
Säfte von Karotten, Tomaten, Rote Bete, Sellerie, Rohkost von Möhren,

Zwiebeln, Hülsenfrüchte, Rotkohl, Weißkohl, Wirsing, Paprikaschoten,

Gut geeignet und empfehlenswert	nicht zu empfehlen

Sellerie, Schwarzwurzeln, junge Kohl-
rabi, geschälte, entkernte Tomaten,
Bleichsellerie, Avocado (für L/G nur in
kleiner Menge, enthält viel Fett).
Salate: Kopfsalat, Endivie, Chicorée,
Chinakohl, Eisbergsalat, Kresse, Feld-
salat, Spinat.
Außerdem gegart, aber nicht roh:
Blumenkohl, Artischockenböden,
grüne und Wachsbohnen,
junge Erbsen, Broccoli, Spargel,
Champignons, Pfifferlinge, Palmitos,
Kürbis, Gurken.

Mixed Pickles,
Chutneys

bedingt geeignet:
Zarte feingeriebene Radieschen, junge Rettiche.
Nur für L/G bedingt geeignet:
Sauerkrautsaft, Stangensellerie, Fenchel roh, zarter Wirsing,
helle Teile von Lauch, Auberginen, Gourgettes, Essiggurken nur
feingerieben zum Würzen, Zwiebelpulver, Zwiebelflüssigwürzen.

Rohes Gemüse fein bis sehr fein raffeln oder schneiden, Zitronen-
Joghurt-Marinade bevorzugen. Kurz vor dem Essen erst zubereiten

● **Getränke**

Leichter schwarzer Tee, Kräutertee,
koffeinfreier säurearmer Kaffee,
Fruchtsäfte, Gemüsesäfte und Obst-
moste, Milchmixgetränke, Kakao,
Mineralwasser ohne Kohlensäure,
entfettete Brühe.

Absolut verboten
für L: Alkoholische
Getränke; kohlen-
säurehaltige Ge-
tränke, kochend-
heiße, eisgekühlte
Getränke.

bedingt geeignet:
Koffeinhaltiger, säurearmer Bohnenkaffee, Limonaden ohne
Kohlensäure,
für M: Weißwein und Bier
in kleinen Mengen

25

Gut geeignet und empfehlenswert	nicht zu empfehlen

● Kräuter und Gewürze

Frisch, getrocknet, tiefgefroren. Basilikum, Bohnenkraut, Borretsch, Dill, Estragon, Kerbel, Liebstöckl, Lorbeerblatt, Majoran (feingerebelt!), Petersilie, Pimpernelle, Rosmarin (für M getrocknet nur bedingt), Salbei, Sellerieblätter, Zitronenmelisse.
Anis, Kümmel, Muskatnuß, Gewürznelken, Piment, Pfefferkörner (später entfernen), Zimt, milder Paprika, wenig Curry.
Weinessig (wenig), Zitronensaft, Fertigwürzen; Fleischextrakt, Streuwürze, Tomatenmark, Tomatenketchup, Hefeextrakt, Brühwürfel.

Scharfer Senf und Paprika, Pfeffer, grüner Pfeffer, engl. Soßen, Salatsoßen (fertig), rohe Zwiebel, Chili.

Nur bedingt geeignet für M:
Zwiebelpulver und flüssige Zwiebelwürze, Meerrettich, Senf, Kapern, Schnittlauch, Wein zum Kochen

Abkürzungen, die gebraucht werden

EL	=	Eßlöffel
TL	=	Teelöffel
L	=	Liter
Msp.	=	Messerspitze
Schb.	=	Scheibe
Pck.	=	Packung
✳	=	Zum Einfrieren geeignet
☐	=	Abwandlungen für Nicht-Schonkostbedürftige

Nützliches für die Praxis

Ehe Sie im Rezeptteil blättern, lesen Sie die folgenden Hinweise. Sie erleichtern die Praxis:

▶ **Rezepte für 2 Portionen**

Die Mengen der Rezepte sind für 2 Portionen angegeben. Sie lassen sich leicht abwandeln, verdoppeln oder auf 1 Portion reduzieren.

Tip: Bereiten Sie 2 Portionen zu, auch wenn nur eine gegessen wird. Die 2. frieren Sie als Vorrat ein.

▶ **Abwandlungen für Nicht-Schonkostbedürftige**

Auch wer nicht krank ist, wird Geschmack an den vorgeschlagenen Speisen finden. Soll's dennoch etwas „kräftiger" sein, einfach stärker würzen: statt Margarine oder Butter gibt man z. B. ausgelassenen Speck, glasig gedünstete Zwiebeln zur Geschmacksabrundung an die fertigen Speisen. Oder man wählt eine andere Zubereitungsart wie z. B. Ausbacken in Fett, Braten mit Fett in der Pfanne. Manche Rezepte enthalten Hinweise für Abwandlungsmöglichkeiten.

▶ **Kalorien und Joule**

Im internationalen Gebrauch als Maßeinheit für Energie wurde die Kalorie abgelöst von Joule. Wir haben noch beide Werte berechnet.

1 Kalorie (kcal) = 4,186 Joule (kJ)	
Im Durchschnitt liefert	
1 g Eiweiß	17 kJ = 4 kcal
1 g Fett	39 kJ = 9 kcal
1 g Kohlenhydrate	17 kJ = 4 kcal
1 g Alkohol	29 kJ = 7 kcal

▶ **Außerdem Eiweiß und Fett**

Neben dem Energiewert haben wir den Gehalt der Speisen an Eiweiß und Fett berechnet und die Mengen für 1 Portion angegeben.

▶ Diätmargarine

Gemeint ist immer Pflanzenmargarine mit reichlich essentiellen Fettsäuren. Was als „Diätmargarine" bezeichnet wird, unterliegt strengen lebensmittelrechtlichen Bestimmungen. – Diätmargarine immer nur kurz erhitzen, sonst verliert sie an Wert. Die essentiellen Fettsäuren sind hitzeempfindlich.

Tip: Margarine oder Butter möglichst erst zu den fertigen Speisen zugeben.

Löffelmaße für kleine Mengen

1 Eßlöffel gestrichen voll entspricht:

    10 g Mehl, Stärkepuder
    10 g Gelatine
    10 g Semmelbrösel
    12 g Grieß, Reis
    12 g Haferflocken
    15 g Zucker, Butter, Margarine
    12 g Öl

1 Teelöffel gestrichen voll entspricht:

    3 g Mehl, Stärkepuder
    3 g Gelatine, Semmelbrösel
    4 g Grieß, Reis
    4 g Haferflocken
    5 g Zucker
    5 g Butter, Margarine
    4 g Öl
    4 g Kondensmilch
    4 g Honig, Marmelade

*Übertragen Sie solche Maße
für Flüssigkeiten auf eine, immer wieder
benutzte Tasse.*

*Überprüfen Sie die angegebenen
Mengen mit Löffeln aus Ihrem Haushalt.*

*Später immer
mit dem gleichen Löffel messen.*

Tips und Kniffe

★ Butter-Mehl-Rolle

Zum Binden von Gemüsen, Suppen, Soßen u. a. Man kann sie auf Vorrat herstellen: Zu gleichen Teilen Butter/Diätmargarine verkneten, zur Rolle im Durchmesser eines Markstücks formen. In Alufolie wickeln, im Kühlschrank aufbewahren. Scheibchenweise in die heiße Speise geben, schmelzen lassen, unterrühren. Die Speisen nochmals gut durchkochen lassen.

★ Traubenzucker

zum Süßen von Speisen bei schlechten Essern verwenden. Das erhöht den Energiegehalt beträchtlich, ohne daß man es merkt. Traubenzucker schmeckt nur halb so süß wie Zucker, hat aber die gleiche Menge Kalorien.

★ Sionon

oder sorbithaltige Zuckeraustauschstoffe sind günstige Süßungsmittel für Patienten, die unter Verstopfung leiden. Sorbit führt leicht ab.

★ Hefeextrakt

ist ein pikantes Würzmittel mit gleichzeitig reichlich Vitamin B_1. 1 Messerspitze = etwa $1/3$ des Tagesbedarfs (im Reformhaus). Nicht mitkochen.

★ Küchenkräuter

nicht im Glas Wasser stehen lassen. Vitamin C bleibt am besten erhalten, wenn Sie die Kräuter gleich nach dem Ernten oder Einkauf bis zum Verbrauch tiefgefrieren. Waschen, mit Küchenkrepp trockentupfen, feinhacken (große Mengen im Mixer), in Eiswürfelbehälter füllen. Im Frosterfach festwerden lassen. Würfel einzeln in Alufolie verpackt aufheben. Vor dem Anrichten unter die Speisen rühren. Fertiggekaufte tiefgekühlte Kräuter sind krümelig und streufähig.

Der Patient am Familientisch

Für ihn braucht nicht extra gekocht zu werden, manches nur ein wenig anders.

Machen Sie sich für die ganze Woche im voraus einen Speiseplan, bei dem Sie die besonderen Bedürfnisse des Patienten mit berücksichtigen. Das spart Ihnen an den folgenden Tagen Zeit.

Jeden Tag ein anderes Frühstück

Damit auch Eßunlustige Appetit bekommen und Morgenmuffel munter werden, berücksichtigen Sie beim Frühstück:

* Das Auge ißt mit.
* Vitamin C aus Frischem weckt die Lebensgeister.
* Eiweiß macht fit für den Tag.
* Das 2. Frühstück zu Haus oder am Arbeitsplatz überbrückt die lange Zeitspanne bis zum Mittagessen.

Tip: Zum 2. Frühstück am Arbeitsplatz, als Ergänzung oder statt belegtem Brot: Quark, Joghurt oder Milch aus dem reichen Angebot. Diese Speisen sind:
- hygienisch verpackt,
- einfach zu transportieren,
- bequem „nebenbei" zu essen,
- für jeden Geschmack frisch zur Wahl.

Frühstücksgetränke:

Kaffee, Kaffee melange (½ Milch, ½ Kaffee), Schwarzen Tee mit Milch oder Zitrone, Kräutertee, Milch, Kakao.

Aufstrichfett:

Butter oder Diätmargarine.

L/G: mageren Brotbelag wählen und nicht mehr als 20 g Aufstrichfett

Montag Möhren-Zitronensaft gerösteter Toast, Grahambrot Mortadella/Schmelzkäse mit Tomate Erdbeerkonfitüre	**2. Frühstück:** Apfelscheiben zwischen Grahambrot mit Edamer
Dienstag Porridge süß oder salzig mit Milch Getoastetes Brötchen v. Vortag Putensülze, Honig	**2. Frühstück:** Fruchtcocktail mit Vollkornzwieback
Mittwoch Grapefruit mit Weizenkeimen Mischbrot, Toast Leberwurstquark Brombeergelee	**2. Frühstück:** Dickmilch mit Heidel- beeren, Cräcker
Donnerstag Gemischter Gemüsesaft feines Vollkornbrot Hefehörnchen vom Vortag Corned beef, Doppelrahm- Frischkäse Aprikosenmarmelade	**2. Frühstück:** Reife Birne Mischbrot mit Salat- blättern und gek. Schinken
Freitag Joghurt mit Sanddornsaft Grahambrot, Weizenknäcke Fleischkäse, Tomate Honig	**2. Frühstück:** Traubensaft Mischbrot mit kaltem Braten
Samstag Müsli Buttermilchbrot Schinkenwürfel Quittengelee	**2. Frühstück:** Kefir, Banane Roggenknäcke
Sonntag Orangensaft feines Vollkornbrot, Hefezopf 3-Min.-Ei im Glas Lachsschinken, Apfelgelee	**2. Frühstück:** Joghurtdessert Keks

Mittag- und Abendessen

Eine warme Mahlzeit, wenn Sie zu Hause essen. Einmal kalt
– ergänzt durch Brot, wenn Sie wollen mit Aufstrich und Belag –
für abends oder zum Mitnehmen an den Arbeitsplatz.

*(Mit * versehene Gerichte finden Sie im Rezeptteil.)*

1. Selleriecremesuppe* Putenleber m. Äpfeln und Tomaten* Kartoffelpüree Tomatensalat	Gemüse – Sülze*
2. Brühe mit Eierflocken Frühlingsrollen* Gemüseplatte Salzkartoffeln Aprikosenkompott	Nudelsalat*
3. Leberspätzlesuppe* Verlorene Eier* in Tomatensoße Safranreis Salat Schoko-Quark-Speise*	Kalbszunge Bohnensalat
4. Champignoncremesuppe Sauerbraten, diät. Art* Kartoffelklöße Endiviensalat Apfelmus	Käsesalat*
5. Grüne Erbsensuppe* Gegrillte Rotbarschschnitten Petersilienkartoffeln Möhren-Apfelfrischkost* Vanilleflammeri mit Fruchtsoße	Toast Williame* Kopfsalat
6. Grießsuppe mit Kräutern Frikadellen in Folie Käsesoße* Kartoffelschnee Blumenkohl, gegrillte Tomaten Rotes Buttermilchgelee*	Bratenröllchen gefüllt* mit Selleriefrischkost

7. Grüner Bohneneintopf* mit Rindfleisch und Kartoffeln Biskuittörtchen mit Erdbeeren und Eiscreme	Briekäse, Putensülze Bunter Gemüsesalat*
8. Schinkenklößchensuppe* Kalbskotelett „Italia"* Champignonreis Chicorée mit Orangen-Salat*	Verlorenes Ei* auf Fleischwurst Mischbrot
9. Gurkensuppe* Kräuterhähnchen* Salzkartoffeln Bohnen-Tomatensalat Teecreme*	Fischsalat mit Gemüse*
10. Spargelcremesuppe Schinkennudeln Salatplatte (Blumenkohl, Möhren, Feldsalat) Rote Grütze mit Vanillemilch	Gefüllte Tomaten*
11. Sellerie-Apfelfrischkost* Gekochtes Rindfleisch mit Dillsoße* Brühkartoffeln* Kirschkompott	Reissalat moderne Art*
12. Bunte Gemüsebrühe mit Eierstich* Seezungenröllchen in Krabbensoße*, Reis Kopfsalat mit Birne Quarkspeise	Bunte Brote* mit Aufschnitt und Quark
13. Avocadosuppe* Gegrilltes Filetsteak mit Mais und Tomatenwürfel Salzkartoffeln Fruchtcocktail	Palmito Salat*
14. Grießnockerlsuppe* Spinat Warmer Leberkäse Salzkartoffeln	Lachsschinken Cornedbeef Endiviensalat

Suppen/
Eintöpfe

Grundlage aller Suppen ist die Brühe:
Sie können entfettete Fleischbrühe, Würfelbrühe,
Gemüsebrühe verwenden.

Tip: Fleischbrühe regt die Absonderung von
Magensaft an. Bei Unverträglichkeit Brühe leicht
binden oder Gemüsebrühe nehmen.

Gemüsebrühe

Gemüse putzen, in kleine Stücke
schneiden, mit ganzer Petersilie, kaltem Wasser, Brühwürfel und Gewürzen
aufsetzen, langsam zum Kochen bringen (damit die Aromastoffe in die Flüssigkeit übergehen) und 45 Minuten bei
mäßiger Hitze kochen lassen. Die Brühe durchsieben, abschmecken, weiter-
verwenden.

$3/4$ l Wasser, 1 Brüh-
würfel, $1/2$ Lorbeer-
blatt, 2 Pfefferkörner,
ca. 375 g Gemüse,
z. B. Möhren, Sellerie,
Lauch, Petersilien-
stengel, $1/2$ Zwiebel,
Strunk von Blumen-
kohl, Spargel-
abschnitte, $1/2$ Bund
Petersilie, Streuwürze,
1 Prise Zucker.

Schinkenklößchen

Schinken sehr klein würfeln, entrinde-
tes Brot mit Sahne übergießen und mit
einer Gabel fein zerpflücken. Die Zutaten gut zu einem geschmeidigen Teig
verrühren. Kleine Klößchen formen und
in die kochende Brühe geben, garzie-
hen lassen, bis sie oben schwimmen.
□ Statt Zwiebelsalz 1 kleine Zwiebel
würfeln, mit 1 TL Margarine und der
Petersilie glasig dünsten, zum Teig
geben.
Klößchen können statt mit Schinken
mit Salami bereitet werden.

2 kleine Scheiben
gekochten Schinken,
Zwiebelsalz, 1 Scheibe
Toastbrot, 1 EL
Sahne, 1 Eigelb, 1–2
TL Mehl, 1 TL Peter-
silie, Muskatnuß,
Salz, Tomatenwürfel
und gehackte Peter-
silie für die Brühe.

*1 Portion enthält ca. 700 kJ (= 165 kcal),
8 g Eiweiß, 11 g Fett.*

Suppen

Leberspätzle

75 g **Rinderleber gemahlen, Salz, feingerebelten Majoran, abgeriebene Zitronenschale, gehackte Petersilie, Zwiebelpulver, 1 Eigelb, ca. 3 EL Semmelbrösel, Petersilie für die Brühe.**

Gemahlene Leber mit Gewürzen, Ei und Semmelbröseln verrühren, mit nasser Teelöffelspitze Spätzle abstechen, in der kochenden Brühe ca. 5 Min. ziehen lassen; gleich servieren. Wenn die Spätzle gar sind, schwimmen sie oben.

☐ Größere Mengen Teig durch Spätzlehobel pressen.

Mit Schnittlauch bestreuen.

1 Portion enthält ca. 855 kJ (= 205 kcal), 12 g Eiweiß, 4 g Fett.

Tip: Aus dem Teig Nockerl formen. Das ergibt eine andere Suppeneinlage oder Beilage zu Gemüse oder Salaten.

Eierstich

4 EL **Milch, 1 Ei, evtl. $1/2$ TL Tomatenmark, Muskat, Salz, Öl für die Form, Petersilie zur Brühe**

Milch, Ei und Gewürze verquirlen, in eine mit Öl ausgepinselte Tasse füllen. Die Tasse ins Wasserbad stellen und die Masse festwerden lassen. Aus der Form lösen und mit einem gerippten Messer in Würfel oder Streifen schneiden, in die Brühe geben.

1 Portion enthält ca. 205 kJ (= 50 kcal), 4 g Eiweiß, 3 g Fett.

Tip: Grün wird der Eierstich, wenn Sie statt Tomatenmark 1–2 TL sehr fein gehackte Petersilie untermischen.

Oben: Lebernockerlsuppe
Die Nockerln sind aus dem Teig ,,Leberspätzle" zubereitet.
Unten: Bunte Gemüsebrühe mit Eierstich.

▶

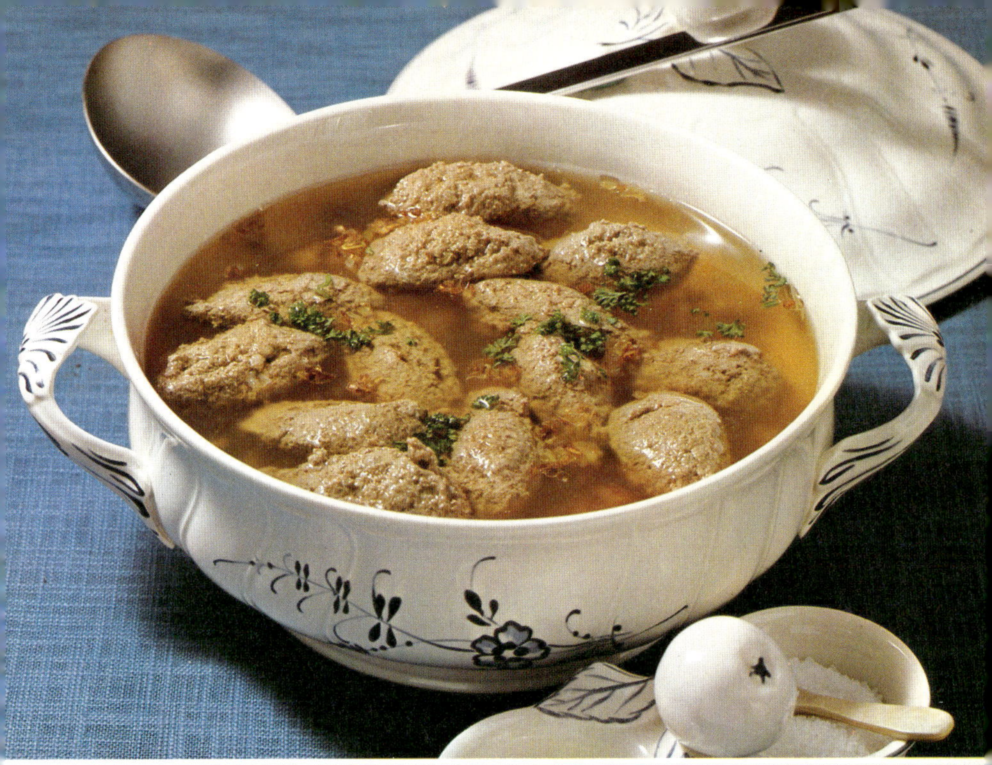

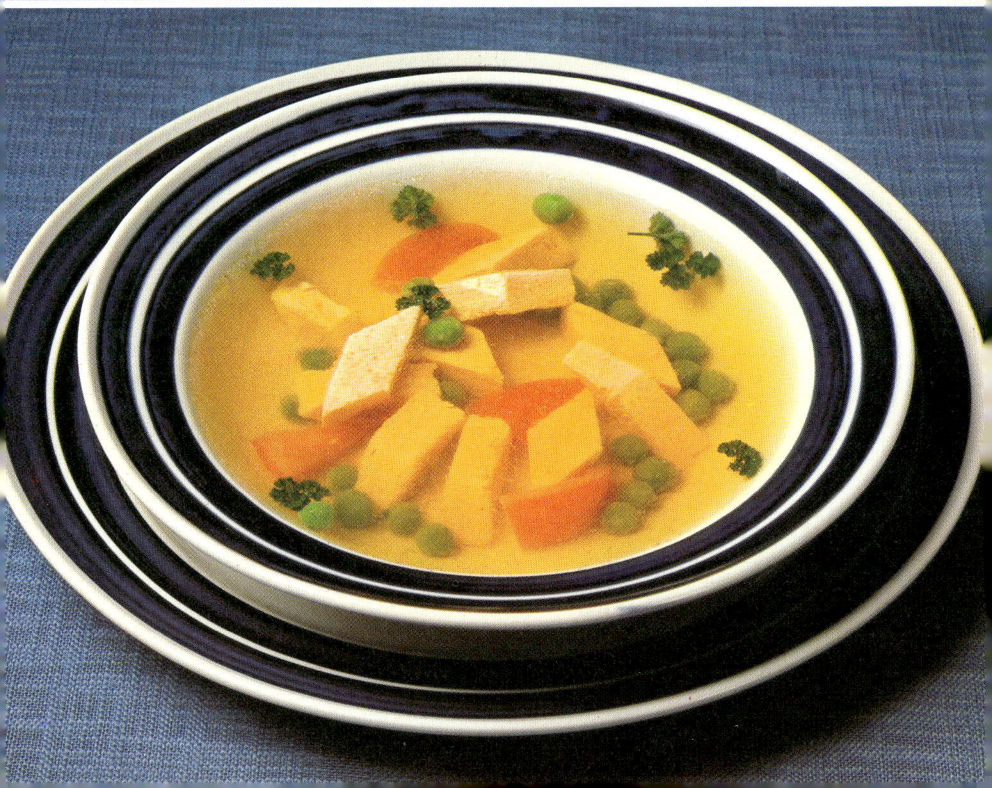

Schwemmklößchen

½ Tasse Milch,
2 TL Butter,
2 EL Mehl, 1 Ei, Salz,
Muskat.

Milch mit Butter und Gewürzen zum Kochen bringen, das Mehl auf einmal hineinschütten, alles zu einem glatten Kloß rühren und so lange weiterrühren, bis sich der Teig vom Topf löst. Vom Herd nehmen und das Ei in die Mehlmasse rühren. Mit nassem Teelöffel kleine Klößchen abstechen, in die kochende Brühe geben und wenige Minuten gar ziehen lassen.

1 Portion enthält ca. 540 kJ (= 130 kcal), 6 g Eiweiß, 7 g Fett.

Fleischklößchen

60 g Hackfleisch,
1 Eigelb, 1–2 EL
Semmelbrösel,
Salz, Petersilie,
Zwiebelgewürz.

Aus den Zutaten einen pikanten Fleischteig bereiten, kleine Klößchen formen, in kochende Brühe geben, gar ziehen lassen.

1 Portion enthält ca. 460 kJ (= 110 kcal), 8 g Eiweiß, 7 g Fett.

Tip: Statt Hackfleisch kann man gehackten Schinken oder feine Bratwurstmasse nehmen.

Grießnockerl

25 g Butter,
1 Ei, Salz,
Muskat gerieben,
50 g groben oder
Nockerlgrieß,
gehackte Petersilie
für die Brühe.

Butter und Ei schaumig rühren, mit den Gewürzen abschmecken. Den Grieß unterrühren, die Masse 15 Min. quellen lassen. Mit zwei, in kaltes Wasser getauchten Teelöffeln Nockerln abstechen, gleich in die kochende Brühe geben, ca. 20 Min. gar ziehen lassen. – Probenockerl kochen. Ist es zu hart,

wenig Wasser in die Masse rühren, zerfällt es, etwas Grieß untermischen.

1 Portion enthält ca. 965 kJ (= 230 kcal),
13 g Eiweiß, 6 g Fett.

Tip: Von der doppelten Menge Teig größere
Nockerl, in Brühe oder Salzwasser gegart, gibt
eine leichtverdauliche Beilage.

Schleimsuppe

Reis oder Haferflocken in kaltes Wasser
geben, langsam zum Kochen bringen
und weich kochen. Die Suppe im Mixer
oder mit dem Quirl des Handrührgerätes pürieren, abschmecken, Butter
dazugeben.

**1 EL Reis oder mittel-
feine Haferflocken,
$^1/_2$ l Wasser, Salz,
evtl. Muskat,
2 TL Butter oder
Diätmargarine.**

1 Portion enthält ca. 280 kJ (= 65 kcal),
– g Eiweiß, 4 g Fett.

✷ Kartoffelsuppe

Gemüse putzen, kleinschneiden, mit
halber Menge Brühe weich kochen, pürieren, restliche Flüssigkeit zugießen.
Suppe abschmecken, nochmals aufkochen lassen, Kondensmilch unterrühren. Mit Petersilie bestreut servieren.

☐ Kräftiger würzen, zuletzt glasig gedünstete Speck- und Zwiebelwürfel
darübergießen, statt mit Petersilie
mit Schnittlauch bestreuen.

**3 eigroße geschälte
Kartoffeln, 1 Möhre,
1 Stück Sellerie,
1 Petersilienwurzel,
3$^1/_2$ Tassen Brühe,
1 Msp. Tomatenmark,
etwas fein gerebelten
Majoran, Salz,
Streuwürze,
2 EL Kondensmilch,
1 TL Butter oder
Diätmargarine,
gehackte Petersilie.**

1 Portion enthält ca. 715 kJ (= 170 kcal),
6 g Eiweiß, 5 g Fett.

Tip: Die Suppe wird zum Hauptgericht, wenn Sie
je Portion 1 Paar Wiener dazu geben. Und nach
Wunsch getoastetes Mischbrot.

Suppen

Suppe aus frischen Tomaten ✳

500 g reife Tomaten,
¹/₂ TL Thymian,
evtl. Sellerieblätter,
2¹/₂ Tassen Wasser,
Salz, 1 Stck. Mehl-
Butter, Streuwürze,
¹/₂ TL Zucker,
2 EL saure Sahne.

Tomaten waschen, grob zerkleinern und mit Thymian, Sellerieblättern, Salz und Wasser 20 Min. kochen. Dann die Masse durch ein Haarsieb passieren. Mehl-Butter-Stück dazugeben, gut durch-kochen lassen. Abschmecken, saure Sahne unterrühren.

☐ Angedünstete Zwiebeln in die Sup-pe geben. Oder nach Geschmack Knoblauch.

✳ Ungebundene Tomatenmasse einfrieren.

1 Portion enthält ca. 510 kJ (= 120 kcal), 3 g Eiweiß, 5 g Fett.

Frische Gurkensuppe ✳ mit Kräutern

¹/₂ Salatgurke,
1 Tomate, 1 EL Mehl,
3¹/₂ Tassen Brühe,
je 1 TL Petersilie,
Dill und Kerbel,
¹/₈ l süße Sahne,
Streuwürze.

Gurke schälen, halbieren, in 1-cm-Scheiben schneiden. Tomate mit Was-ser überbrühen, häuten, in Spalten schneiden, entkernen. Gemüse 10 Min. in der ¹/₂ Menge Brühe kochen, rest-liche Flüssigkeit zugießen, angerührtes Mehl zufügen, Suppe kräftig durchko-chen lassen, Kräuter mit Sahne dazu-geben, abschmecken.

☐ Mit 1 Schuß Weinbrand verfeinern.

✳ Ungebunden einfrieren.

1 Portion enthält ca. 1080 kJ (= 260 kcal), 5 g Eiweiß, 20 g Fett.

Suppe aus frischen Tomaten mit Kräutern und Joghurt verfeinert (Rezept s. o.). ▶

Suppen

Avocadocremesuppe mit Krabben

3 ½ Tassen Brühe, ca. 50 g Krabben (Dose), 1 mittelgroße weiche Avocado, 1 TL Stärkepuder, Salz, Streuwürze, Saft von ½ Zitrone, etwas Thymian, 1 EL süße Sahne.

Krabben grob hacken. Avocado schälen, das Fruchtfleisch musig rühren. Die Brühe mit den Krabben ca. 15 Min. kochen lassen, mit Stärkepuder binden, vom Herd nehmen. Avocadopüree einquirlen, würzen. Sahne unterziehen. Suppe nicht mehr kochen lassen.
☐ Topf vorher mit einer Knoblauchzehe ausreiben.

1 Portion enthält ca. 835 kJ (= 200 kcal), 8 g Eiweiß, 17 g Fett.

Fischsuppe mit Tomaten

⅛ l Weißwein, Salz, 3 Pfefferkörner, 1 Nelke, ½ kl. Lorbeerblatt, Streuwürze, 125 g Fischfilet, 2 Tomaten, 125 g Champignons aus der Dose, ¼ l Brühe, 1 gestr. TL Stärkepuder, 2 EL Kondensmilch, 1 TL Butter oder Diätmargarine, 1 TL ger. Parmesan, Petersilie.

Weißwein mit Gewürzen zum Kochen bringen, Fischfilet waschen, mit Küchenkrepp trockentupfen, in 1 cm große Würfel schneiden und 5 Min. im Weinsud ziehen lassen; mit einer Siebkelle herausnehmen, in vorgewärmte Suppentassen füllen. Flüssigkeit mit Brühe auffüllen, Tomaten häuten, Kerne herausnehmen, würfeln, mit den in Scheiben geschnittenen Champignons in die Suppe geben, 5 Min. stark kochen. Stärkepuder mit Kondensmilch verquirlen, dazurühren, aufkochen lassen. Fett zufügen. Die Suppe über die Fischwürfel gießen. Petersilie und Käse darüberstreuen.

1 Portion enthält ca. 730 kJ (= 175 kcal), 13 g Eiweiß, 5 g Fett.

Tip: Binden Sie Suppen mit einer Scheibe der Mehl-Butter-Rolle, das ist einfacher. Das Rezept steht auf Seite 29.

Gemüsepfanne mit Cornedbeef

Gemüse putzen, Auberginen in 2 cm große Würfel, Gourgettes in 1 cm breite Scheiben schneiden, Gurke schälen, halbieren, in 1 cm große Stücke teilen, Äpfel schälen, achteln. Gemüse, Äpfel und Tomaten mit Tomatensaft in feuerfester Form dünsten. Brühe, Basilikum, Salz zugeben. Bei milder Hitze gar werden lassen. Petersilie und Cornedbeef in Würfel schneiden, vor dem Servieren in das Gemüse geben, heiß werden lassen. Nicht umrühren. Toast dazu reichen.
□ Gemüse durch Paprikaschoten ergänzen und mit 1 gehackten Zwiebel in Öl andünsten.

1 Portion enthält ca. 1300 kJ (= 310 kcal), 22 g Eiweiß, 5 g Fett.

2 kleine Auberginen, 2 kleine Gourgetten (Zucchini), 2 Äpfel, 1/2 Gurke, 1/2 Dose geschälte Tomaten, 1/2 Tasse kräftige Brühe, 1 TL getr. Basilikum, 1 EL Petersilie, Streuwürze, 1 TL Salz, 1 Prise Zucker, 150–200 g Cornedbeef.

Tip: Probieren Sie das Gericht mit Scheiben von Bockwurst, Wienern, Frankfurtern oder Leberkäse.

✳ Schwarzwurzeltopf

Kalbfleisch in schmale Streifen schneiden, die Kartoffeln schälen, würfeln. Das Schwarzwurzelwasser zum Kochen bringen, kräftig würzen, Fleisch und Kartoffeln hineingeben und 25 Min. im geschlossenen Topf dünsten. Schwarzwurzelstücke zugeben, mit Brühe auffüllen, abschmecken und den Eintopf 10 Min. ziehen lassen.
□ Fleisch kräftig in Öl anbraten.

1 Portion enthält ca. 1515 kJ (= 360 kcal), 26 g Eiweiß, 4 g Fett.

250 g Kalbfleisch, 250 g Kartoffeln, 1/1 Dose Schwarzwurzeln, Zwiebelgewürz, Instantbrühe, Salz.

Grüne-Bohnen-Topf ✳

375 g Lamm- oder Rindfleisch (Schulter), 500 g grüne Bohnen, 375 g Kartoffeln, Thymian und Rosmarin, Salz, Zwiebelpulver, $1/4$ l sehr kräftige Fleischbrühe.

Fleisch in 2 cm große Würfel schneiden, mit Zwiebelpulver bestreuen. Bohnen putzen, einmal brechen. Kartoffeln schälen, grob würfeln. Fleisch in einen Topf geben, schichtweise Kartoffeln und Bohnen darüber, vermischt mit den Kräutern. Die Brühe zugießen und den Eintopf zugedeckt 1 Stunde bei milder Hitze dünsten.

Statt mit Bohnen können Sie den Eintopf mit jungen Kohlrabi bereiten.

☐ Fleisch in 1 EL Öl rundum anbraten, mit Zwiebeln, Knoblauch und Bohnenkraut kräftig würzen.

1 Portion enthält ca. 2640 kJ (= 630 kcal), 44 g Eiweiß, 25 g Fett.

Tip: Rosmarin in poröses Stoffbeutelchen binden und mitkochen. Man erhält den gewünschten Geschmack, ohne die harten Gewürzteilchen im Essen zu haben.

Eintöpfe sind herzhafte, allseits beliebte Mahlzeiten.
Oben: Gemüsetopf mit Möhren, im Römertopf zubereitet (Rezept S. 47).

▶

Unten: Grüne-Bohnen-Topf mit Rindfleisch (Rezept s. o.).

Reisfleisch

250 g Schweinefilet,
4 EL Weißwein,
Zwiebelgewürz,
Streuwürze, 3 Tassen
Fleischbrühe,
1 Tasse Reis.

Fleisch in kleine Würfel schneiden, in beschichtetem flachen Topf hellbraun anbraten, Weißwein, Zwiebelgewürz und 1 Tasse Brühe zugeben, 20 Min. zugedeckt kochen lassen. Die restliche Brühe zugießen und den Reis einstreuen. Bei schwacher Hitze ca. $^1/_2$ Stunde zugedeckt gar kochen.
Mit Salat servieren.

☐ Fleisch mit reichlich Zwiebelwürfeln in 1 EL Öl kräftig anbraten. Es braucht kein Filet zu sein.

1 Portion enthält ca. 1495 kJ (= 355 kcal), 30 g Eiweiß, 6 g Fett.

Möhreneintopf ✳

150 g Rindfleisch
(Keule), $^3/_4$ l Brühe,
1 Zwiebel zum Mitkochen, 1 Petersilienwurzel, 500 g Möhren,
geputzt, 200 g Kartoffeln, Streuwürze,
1 Prise Zucker,
1 EL gehackte
Petersilie.

Das Rindfleisch in dünne Scheiben schneiden, mit Zwiebel und Petersilienwurzeln in die $^1/_4$ l kochende Brühe geben, 30 Min. kochen lassen. Die Möhren in feine Scheiben, Kartoffeln in 1 cm große Würfel schneiden, zusammen mit der restlichen Brühe zum Fleisch geben, ca. 30 Min. weiterkochen. Eintopf abschmecken, die Petersilie unterrühren.

1 Portion enthält ca. 1440 kJ (= 345 kcal), 20 g Eiweiß, 12 g Fett.

Tip: Die Garzeit verkürzt sich, wenn das Gericht im Dampfdrucktopf zubereitet wird. Fleisch mit
☐ 1 EL Öl und 1 Zwiebel in Würfeln kräftig anbraten, dann mit Brühe auffüllen.

Fischklößchensuppe mit Reis

Den Reis in der Brühe 15 Min. kochen. Die Erbsen zugeben, aufkochen lassen. Die Hälfte des Fischfilets in Würfel schneiden. Den Rest mit dem Schneidestab des Handrührgerätes fein zerkleinern. Mit Ei, Kondensmilch, Semmelbröseln und Gewürzen gut vermischen. Mit nassen Händen kleine Klößchen formen und diese mit den Fischwürfeln in die kochende Suppe geben, 5 Min. ziehen lassen. Die Tomaten häuten, in Spalten teilen und ohne Kerne vor dem Servieren in die Suppe geben.

1 Portion enthält ca. 1395 kJ (= 335 kcal), 33 g Eiweiß, 6 g Fett.

³/₄ l kräftige Brühe, ³/₄ Tasse Langkornreis, 1 Pck. tiefgekühlte Erbsen, 300 g Fischfilet, 1 Ei, 3 EL Kondensmilch, 1 EL Semmelbrösel, Salz, Muskat, 3 Tomaten.

✳ Gemüsetopf mit Huhn

Römertopf vorbereiten. Hühnerfleisch waschen, in den Römertopf legen. Gemüse putzen, kleinschneiden, auf dem Fleisch verteilen. Gewürze und Brühe zugeben. Topf verschließen, in den kalten Backofen schieben. Bei 175° ca. 1¹/₄ Stunden garen. Nudeln in reichlich Salzwasser kernigweich kochen, abgießen, kalt überbrausen, zum Gemüse geben, vorsichtig untermischen. Eintopf mit gehäuteten, entkernten Tomatenvierteln und gehackter Petersilie servieren.
  ☐ Gemüse ergänzen durch Zwiebeln, Porree, Weißkraut.

1 Portion enthält ca. 1775 kJ (= 425 kcal), 28 g Eiweiß, 7 g Fett.

2 Hühnerkeulen oder Hühnerbrüstchen, 500 g gemischtes Gemüse (Möhren, Erbsen, Bohnen, Blumenkohl), 2 Tassen Brühe, Zwiebelgewürz, 1 Zweig frischer Rosmarin, Streuwürze, 100 g breite Nudeln, 2 Tomaten, gehackte Petersilie.

Soßen

Die Rezepte der abgebildeten Soßen stehen auf Seite 50.

Die Helle Soße läßt sich vielseitig abwandeln. Zur fertigen
Grundsoße werden die verschiedensten Geschmackszutaten
beigefügt.

▶

Käsesoße

Kräutersoße

Tomatensoße

Champignonsoße

Schinkensoße

Senfsoße

Soßen

Helle Grundsoße

¹/₈ l Brühe, ¹/₈ l Milch,
2 gestrichene EL
Mehl, 1 EL Butter oder
Margarine, Salz,
Zucker, Streuwürze.

Brühe und Milch zum Kochen bringen.
Angerührtes Mehl einlaufen lassen.
10 Min. kochen. Fett zugeben, würzen,
mit Eigelb legieren.

*1 Portion enthält ca. 450 kJ (= 105 kcal),
4 g Eiweiß, 5 g Fett.*

Tip: Nehmen Sie zum Binden von Soßen
eine Scheibe der Mehl-Butter-Rolle. Wie man
sie macht, steht auf Seite 29.

Die Helle Soße ist vielfältig abzuwandeln. Ein paar andere
ergänzende Zutaten, und Sie erhalten eine neue Soße:

Holländische Soße: 1 Eigelb unterziehen, mit Muskat und etwas Zitronensaft würzen.

Käsesoße: Zugabe von 1 Ecke Schmelzkäse, mit 1 Spritzer Worcestersoße.

Kräutersoße: Zugabe von ca. 2 EL Kräutern, gemischt oder nur eine Sorte, Zitronensaft (Dill, Petersilie, Kerbel).

Tomatensoße: Zugabe von 1 geh. EL Tomatenmark, evtl. 1 TL Aprikosenmarmelade oder Thymian oder Dill.

Champignonsoße: Zugabe von 125 g Champignons aus der Dose. Champignonwasser zur angegebenen Menge Brühe mit verwenden, Zitronensaft.

Weißweinsoße: nur die Hälfte der angegebenen Menge Milch nehmen, mit ¹/₈ l Weißwein auffüllen.

Schinkensoße: Zugabe von 50 g gekochtem, feingewürfeltem Schinken, 1 Spritzer Weißwein.

Senfsoße: Zugabe von
1 EL mittelscharfem Senf, etwas Zitronensaft,
1 Prise Zucker.

Kapernsoße: Zugabe von
1 EL feingehackten Kapern, 1–2 TL Joghurt
und 1 Prise Zucker.

Krabbensoße

Helle Soße bereiten: Krabben, Tomatenmark, Gewürze und Sahne zugeben, 5–10 Min. ziehen lassen.

1 Portion enthält ca. 835 kJ (= 200 kcal), 12 g Eiweiß, 12 g Fett.

**¹/₄ l Helle Soße,
100 g Krabben,
Zwiebelgewürz,
1 TL Tomatenmark,
1 Prise Zucker,
2 EL süße Sahne.**

Malteser Soße

Brühe, Eigelb, Speisestärke verquirlen, im heißen Wasserbad cremig schlagen. Butter und Apfelsinensaft nach und nach hineinrühren. Mit Zucker und etwas abgeriebener Apfelsinenschale abschmecken.

1 Portion enthält ca. 550 kJ (= 130 kcal), 3 g Eiweiß, 7 g Fett.

**1 Tasse Brühe,
1 Eigelb,
1 EL Speisestärke,
1 EL Butter,
1 Blut-Apfelsine,
1 Prise Zucker.**

✶ Hackfleischsoße

Rinderhack mit Tomatenmark und Gewürzen in beschichteter Pfanne leicht anbraten, mit Brühe aufgießen und zugedeckt 10 Min. kochen lassen. Speisestärke in Milch anrühren, Soße damit binden. Abschmecken, Joghurt unterrühren.

1 Portion enthält ca. 720 kJ (= 170 kcal), 14 g Eiweiß, 9 g Fett.

**100 g Rinderhack,
2 TL Tomatenmark,
Sojasoße,
Streuwürze, Zwiebelgewürz, Thymian,
Rosmarin,
1 ¹/₂ Tassen Brühe,
¹/₂ Tasse Milch,
2 TL Speisestärke,
1 EL Joghurt.**

Soßen

Bunte Quarksoße

125 g Speisequark mit
3 EL Milch verrühren,
1 Tomate, gehäutet, fein gewürfelt, und
1 Senfgurke, fein gerieben, untermischen, mit
1 Spritzer flüssigem Zwiebelgewürz,
wenig gemahlenem Kümmel,
Petersilie, Salz abschmecken.

1 Portion enthält ca. 290 kJ (= 70 kcal),
12 g Eiweiß, – g Fett.

Aprikosensoße

**½ kleine Dose Aprikosen,
1 EL Zitronensaft, etwas Schale,
6 EL Weißwein,
2 TL Speisestärke, Zucker,
gemahlenen Ingwer.**

Aprikosen im Mixer oder mit dem Pürierstab des Handrührgerätes pürieren. Mit Wein, Zitronensaft und der Zitronenschale zum Kochen bringen, angerührte Stärke dazugeben, aufkochen lassen. Mit Ingwer und Zucker abschmecken.
☐ Mit ½ Likörglas Weinbrand oder Himbeersaft abschmecken.

1 Portion enthält ca. 405 kJ (= 95 kcal),
– g Eiweiß, – g Fett.

Orangensoße

**¼ l Orangensaft,
etwas abgeriebene Orangenschale,
2 TL Speisestärke,
1 EL Zucker.**

Orangensaft und Schale zum Kochen bringen, angerührte Speisestärke hineinrühren, aufkochen lassen, süßen. Schmeckt zu süßen Aufläufen, Grieß- oder Reisbrei.

1 Portion enthält ca. 415 kJ (= 100 kcal),
– g Eiweiß, – g Fett.

Kalte Soßen
zu Fleischspeisen und Fischgerichten

**Leichte
Kräutersoße:**

1 EL Salatcreme verrühren mit
1 EL Kondensmilch, würzen mit
1 Prise Zucker, frischen Kräutern,
1 kleinen Gemüsegurke fein gerieben,
Dill, Petersilie, Borretsch, Zitronensaft.

**Dill-Joghurt-
soße:**

1 Bd. Dill, gehackt, vermischen mit
1 Becher Trinkmilchjoghurt, würzen mit
$1/2$ TL Senf,
Saft von $1/2$ Zitrone,
Salz, 1 Prise Zucker.

Apfelsoße:

1 mittelgroßer Apfel, gerieben,
verrühren mit
1 TL Meerrettichcreme,
1 EL Zitronensaft,
3 EL Kondensmilch oder Sahne.
Würzen mit
1 Prise Salz, Zucker.

**Kalte
Tomatensoße:**

3 geschälte, entkernte Tomaten
pürieren und
4 EL Tomatenketchup,
1 EL Salatcreme,
1 Apfel, gerieben, unterrühren, mit
Salz, Zitronensaft, Petersilie, Zucker,
1 Spritzer Zwiebelwürze abschmecken.

*1 Portion enthält ca. 385 kJ (= 90 kcal),
2 g Eiweiß, – g Fett.*

Fleischspeisen

Grillen

ist die günstigste Zubereitungsart. Es eignen sich aber nur die zartesten Fleischstücke, und die Fleischscheiben für eine Portion dürfen nicht dicker als 2 cm sein. – Bei Koteletts vorher das Fleisch am Knochen mit einem spitzen Messer lösen. Natürlich können Sie auch Fisch grillen.

So wird's gemacht:

- Den Grill auf starke Hitze anheizen. Den Rost mit Öl bepinseln.
- Fleisch waschen, mit Küchenkrepp trockentupfen, beide Seiten mit Öl bestreichen, würzen (nicht salzen).
- Fleisch auf den heißen Rost legen und von beiden Seiten grillen.
- Die Grilldauer richtet sich nach der Dicke der Fleischscheibe. Je Seite sind es ca. 4 Min.; Leber 2–3 Min.
- Das Fleisch soll nur hell bräunen und keine feste Kruste bekommen.
- Nach dem Grillen salzen.

Tip: Statt zu grillen, können Sie ebenso vorbereitetes Fleisch in einer beschichteten Pfanne braten. Nur hell bräunen.

Kalbskotelett Italia

Die Koteletts an der knochenfreien Seite so einschneiden, daß eine tiefe Tasche entsteht. Reis, Schmelzkäse und Tomatenmark erwärmen, verrühren, herzhaft abschmecken. Die Masse in die Koteletts füllen, die Öffnung mit Holzstäbchen oder Rouladennadeln zustecken. Fleisch rundum mit Salz und Basilikum einreiben, mit Öl bepin-

2 dicke Kalbskoteletts, 2 EL gekochter Langkornreis,
1 Ecke Schmelzkäse 45 % Fett,
2 TL Tomatenmark,
Salz, Streuwürze,
Zwiebelgewürz,
Basilikum, Öl.

seln, von jeder Seite etwa 6 Min. hellbraun grillen.

Beilage: Reis, gedünstete, gegrillte Tomaten.

1 Portion enthält ca. 1055 kJ (= 250 kcal), 25 g Eiweiß, 13 g Fett.

Tip: Kotelett kann auch in Folie zubereitet werden.

Gegrillte Putenschnitzel mit Fenchelgemüse

2 Putenschnitzel à 100 g, 2 TL Öl, 2 Fenchelknollen, 2 EL geriebenen Käse, 1 TL Semmelbrösel, 1/2 Tasse Langkornreis, 1 1/4 Tasse Hühnerbrühe, 1 kleine Dose geschnittene Champignons, Streuwürze, Zitronenscheiben.

Putenschnitzel vorbereiten, mit Öl bestreichen. Fenchelknollen halbieren, die groben Knollenteile und hartes Grün abschneiden, waschen, in Salzwasser 15 Min. kochen. Im Sieb abtropfen lassen, in Scheiben schneiden und auf eine feuerfeste Platte legen. Mit Käse und Semmelbröseln bestreuen, unterm Grill goldgelb überbacken.

Wenn Sie das Putenschnitzel in der Grillpfanne zubereiten und dabei drehen, entsteht das hell gebräunte Karomuster.

Den Reis in der Brühe zum Kochen bringen, zugedeckt 20 Min. ausquellen lassen. Champignons zugeben und erhitzen. Reis abschmecken. Mit dem Fenchel und Zitronenscheiben anrichten.

1 Portion enthält ca. 1785 kJ (= 425 kcal), 40 g Eiweiß, 10 g Fett.

Oben: Gegrillte Putenschnitzel mit überbackenem Fenchelgemüse, dazu Reis mit Champignons (Rezept s. o.).
Unten: Bunter Fleisch-Wurst-Spieß, serviert mit gegrillten Tomaten, Bohnen und Kartoffelpüree (Rezept s. S. 58).

▶

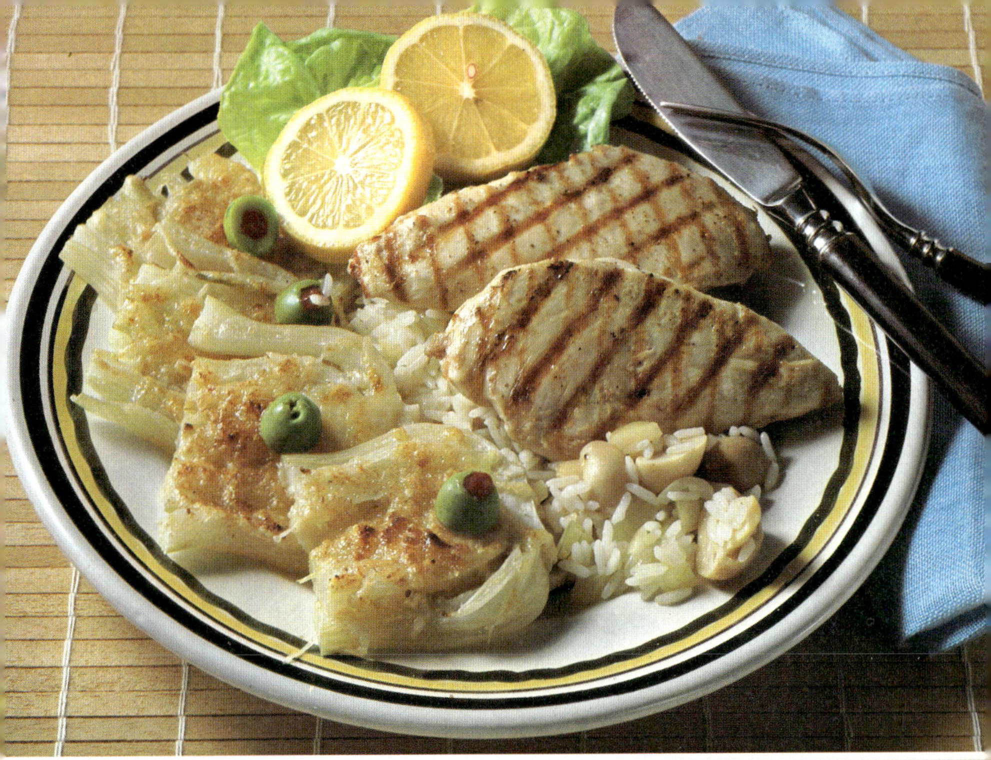

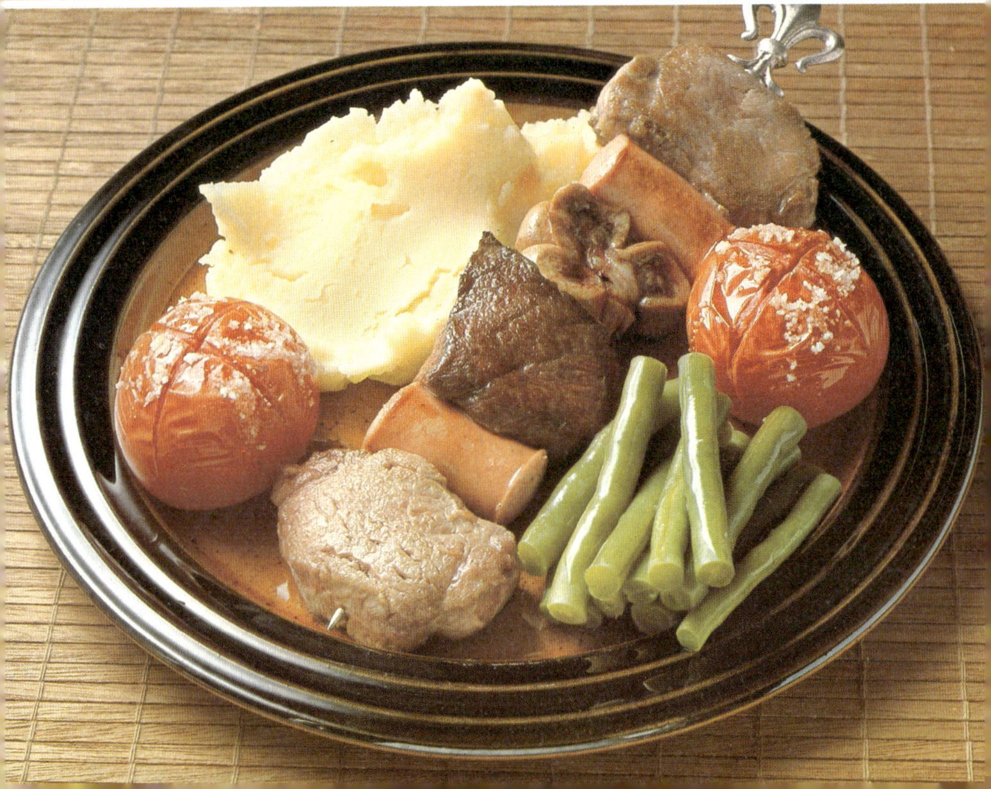

Fleischspeisen

Bunte Spieße

75 g Rinderfilet,
75 g Kalbfleisch,
75 g Kalbsnieren,
1 Frankfurter Würstchen, 1 Tomate, Öl,
Salz, Sojasoße.

Fleisch in große Würfel schneiden. Nieren und Wurst in Scheiben, Tomate in Spalten teilen. Alle Zutaten abwechslungsweise auf Spieße stecken, mit Öl betupfen. Rundum grillen, salzen.
Mit Sojasoße würzen.
Beilage: Tomatenreis.
☐ Zwiebelachtel dazwischen stecken.

1 Portion enthält ca. 800 kJ (= 190 kcal), 24 g Eiweiß, 9 g Fett.

Kalbsfrikassee ✳

250 g Kalbfleisch
(Keule), $^1/_4$ l milde
Brühe, 1 Suppenbund,
$^1/_2$ Pck. Helle Soße,
3 EL Weißwein,
2 EL Kondensmilch,
1 Tasse Spargelköpfe
oder tiefgekühlte
Erbsen, 1 Prise
Zucker, 2 TL Butter
oder Diätmargarine.

Kalbfleisch in die kochende Brühe geben und ca. 40 Min. weichkochen, herausnehmen und in Würfel schneiden.
$^1/_4$ Liter Helle Soße bereiten (Spargelwasser und Brühe) mit Weißwein und Zucker abschmecken, Kondensmilch unterrühren. Spargel und Fleisch in der Soße heiß werden lassen.
Tiefkühl-Erbsen zugeben, auftauen und heiß werden lassen.
Beilage: Safranreis, Salat.
✳ Die Soße ungebunden einfrieren.

1 Portion enthält ca. 900 kJ (= 215 kcal), 23 g Eiweiß, 9 g Fett.

Frühlingsrollen ✳

2 große, dünne
Schweineschnitzel,
200 g Blattspinat,
100 g mageren rohen
Schinken, Tomatenmark, Streuwürze,
Zwiebelpulver,
2 Tassen Brühe,
2 TL Mehl,

Den gewaschenen Spinat kurz in kochendes Wasser geben, gut abtropfen lassen. Schnitzel mit Tomatenmark bestreichen, mit Zwiebelpulver und Streuwürze bestreuen. Spinat und den feingehackten Schinken daraufgeben. Fleischscheiben aufrollen, mit Holzstäbchen zustecken. Ohne Fett in beschichtetem flachem Topf rundum hellbraun anbraten, mit Brühe auffüllen, zugedeckt ca. 1 Stunde garen. Soße binden, Fett und Sahne zugeben. Mit Tomatenmark, Hefeextrakt und Salz abschmecken.

Beilage: Nudeln, Salat.

✳ Soße zum Eingefrieren nicht binden.

1 Portion enthält ca. 1750 kJ (= 420 kcal), 31 g Eiweiß, 28 g Fett.

1 EL Tomatenmark,
Salz, Hefeextrakt,
2 TL Butter,
2 EL saure Sahne.

✳ Sauerbraten (diätetische Art)

Buttermilch mit den Gewürzen mischen. Das Fleisch hineinlegen, – ein kleines Gefäß wählen, das Fleisch soll bedeckt sein. – 24 Stunden darin marinieren lassen.

Das Fleisch herausnehmen. Mit Küchenkrepp trockentupfen, mit Öl bepinseln, in beschichtetem, flachem Topf rundum hell anbraten. Gemüse putzen, Möhre in Würfel schneiden, Lauch in Ringe und zum Fleisch geben. Die heiße Brühe dazugießen, das Fleisch in geschlossenem Topf ca. 1¹/₂ Stunden schmoren lassen. Fleisch herausnehmen. Soße mit Gemüse durch ein Haarsieb streichen und, falls sie zu dünn ist, mit der Speisestärke binden. Mit Hefeextrakt, Streuwürze, Zwiebelgewürz abschmecken, mit Sahne verfeinern.

Beilage: Klöße aus gekochten Kartoffeln, Apfelmus.

☐ Soße statt mit Sahne mit 2 EL Rotwein verfeinern.

1 Portion enthält ca. 1605 kJ (= 385 kcal), 28 g Eiweiß, 26 g Fett.

375 g Rindfleisch
(a. d. Oberschale),
1 EL Öl, 1 kleine
Möhre, 1 Tasse
Brühe, 1 St. Lauch,
nur das Helle,
1 TL Stärkepuder,
Streuwürze, Zwiebelgewürz, Hefeextrakt,
1 EL saure Sahne.
<u>Zur Marinade:</u>
¹/₄ l Buttermilch,
1 Lorbeerblatt,
3 Pfefferkörner,
2 Wacholderbeeren,
2 Pimentkörner, Salz.

Fleischspeisen

Kräuterhähnchen

1 bratfertiges Hähnchen, 1½ Semmeln, 1 EL Semmelbrösel, 1 Ei, Salz, Muskat, 1 EL gehackte Petersilie, ½ EL gehackten Kerbel.

Hähnchen waschen und innen salzen. Semmeln einweichen, zerpflücken, mit Semmelbröseln, Ei, Kräutern gut vermischen, abschmecken. Masse in das Hähnchen füllen, zunähen. Hähnchenbeine zusammenbinden; salzen.
Das Hähnchen in Klarsicht-Bratfolie geben. Gut verschließen, oben mit einer dünnen Nadel einmal einstechen. Auf kaltem Rost in vorgeheizten Backofen schieben. Bei 225° ca. 1 Stunde goldbraun braten. Hähnchen in eine Schale legen. Folie öffnen. Den Saft evtl. als Soße verwenden. Mit Stärkepuder binden, mit 2 TL Kondensmilch abschmecken.
Beilage: Reis, bunter Salat.
☐ Eine Zwiebel feinhacken, in etwas Margarine glasig dünsten und unter die Füllmasse mischen. Mit Pfeffer würzen.

1 Portion enthält ca. 1480 kJ (= 335 kcal), 36 g Eiweiß, 11 g Fett.

Putenschnitzel Baden-Baden

2 Putenschnitzel à 150 g.
Marinade:
2 EL Öl, Zwiebelgewürz, ½ TL getr. Thymian, frischer Rosmarin, 2 EL Sherry, Salz, 2 halbe Kompottbirnen, Salatblätter.

Putenschnitzel mit der Mischung aus Öl, Gewürzen und Sherry bestreichen, 2–3 Stunden durchziehen lassen. Von jeder Seite 5–6 Min. grillen oder ohne Fett in beschichteter Pfanne braten. Mit Kompottbirne und verrührtem Johannisbeergelee auf Salatblättern anrichten.
Dazu schmeckt Toast.

1 Portion enthält ca. 1370 kJ (= 325 kcal), 40 g Eiweiß, 14 g Fett.

Tip: Statt Putenschnitzel können Sie auch Kalb- oder Schweineschnitzel so zubereiten.

Gegrillte Hähnchenkeulen mit Champignons und Mais

Hähnchenkeulen auftauen lassen. Mit Streuwürze würzen, mit Öl bestreichen. Grill vorbereiten. Keulchen rundum grillen. Gesamtzeit 15–20 Min., Fleisch salzen, Champignons mit gehackter Petersilie, Mais, Sahne und Instant-Soße (getrennt) erhitzen, salzen, mit dem Fleisch anrichten. Butterflöckchen auf das Fleisch setzen.
☐ Je Person 1 Scheibe durchwachsenen Speck mitgrillen.

Je Person 1–2 tiefgefrorene Hähnchenkeulen, Streuwürze, Öl, 1 TL Butter, 1 kl. Dose Champignons, 2 TL Helle-Instant-Soße, Petersilie, 1 EL saure Sahne, 1/2 Dose Gemüsemais, Salz.

1 Portion enthält ca. 1245 kJ (= 300 kcal), 27 g Eiweiß, 14 g Fett.

Schinkensteaks mit Banane

Schinkenscheiben mit Öl bepinseln, von beiden Seiten 1 Min. grillen, herausnehmen, mit Honig bestreichen und nochmals 2 Min. (jede Seite) in den Grill schieben. Bananen schälen, längs halbieren, mit Öl und Honig bestreichen, mit Streuwürze und Zitronensaft würzen, auf gefettete Alufolie setzen und ebenfalls im Grill garen.
Beilage: Kartoffelpüree, grüne Erbsen.
☐ Mit Pfeffer würzen. Dazu schmeckt Mango-Chutney.

2 Scheiben à 125 g, entfetteten gekochten Schinken, 2 Bananen, Öl zum Bestreichen, Honig, Streuwürze, Zitronensaft.

1 Portion enthält ca. 1765 kJ (= 420 kcal), 25 g Eiweiß, 25 g Fett.

Fleischspeisen

Hackbraten Chartreuse

300 g tiefgekühlte Erbsen und Möhren, 200 g Hackfleisch, 1/2 Brötchen, 1 Eigelb, Petersilie, Zwiebelgewürz, 1 TL Senf, Streuwürze, Salz, 1 EL Butter oder Diätmargarine.

Gemüse mit 1 Tasse Salzwasser 10 Min. kochen, abgießen. Brötchen einweichen, ausdrücken und fein zerpflücken. Aus Hackfleisch, Brötchen, Eigelb und Gewürzen einen pikanten Fleischteig bereiten. Eine feuerfeste Form fetten. Die Hälfte des Gemüses hineinfüllen, die Hälfte des Hackfleisches daraufgeben, restliches Gemüse und wieder Hackfleisch darauf verteilen, mit Alufolie zudecken. Das Gericht im Backofen bei 175° ca. 50 Min. garen. Nach $2/3$ der Zeit Alufolie entfernen und Fleisch leicht braun werden lassen.
Beilage: Salzkartoffeln, Helle Soße.

1 Portion enthält ca. 1745 kJ (= 420 kcal), 27 g Eiweiß, 21 g Fett.

Fleischklößchen in Dillsoße ✳

1 Paar rohe Kalbsbratwürste, 1 Ei, Zwiebelgewürz, 1/4 l Brühe, helle Soße, Salz, 3 EL Kondensmilch, gehackter Dill.

Bratwurstmasse mit Ei verrühren, abschmecken. Mit nassen Teelöffeln kleine Klöße abstechen und in der heißen, nicht kochenden Brühe 5 Min. ziehen lassen; Klößchen aus der Flüssigkeit nehmen und warmstellen. 1/4 Liter Helle Soße bereiten, mit gehacktem Dill und Salz abschmecken. Kondensmilch unterrühren.

☐ Wurstmasse kräftig mit Curry würzen. Pikante Helle Soße mit gewürfelten, eingelegten Paprikaschoten und Gewürzgurken dazu servieren.

1 Portion enthält ca. 1455 kJ (= 345 kcal), 14 g Eiweiß, 28 g Fett.

✳ Kalbszunge gekocht mit Champignonsoße

Kalbszunge mit Suppengrün und Zwiebel in wenig Wasser (Zunge muß bedeckt sein) sehr weich kochen (ca. 1 Stunde), die weiße Haut abziehen, Zunge in Scheiben schneiden, in wenig Brühe heiß halten. Aus $1/4$ Liter Brühe und Champignonflüssigkeit eine Helle Soße bereiten, mit Zitronensaft abschmecken. Die Champignons blättrig schneiden, in die Soße geben, ebenso die saure Sahne, 5 Min. erhitzen.
Beilage: Petersilienkartoffeln, Kopfsalat.

$1/2$ Kalbszunge, vorderes Stück, Suppengrün, 1 kleine Zwiebel, gespickt mit 1 Nelke, 4 Pfefferkörner, Salz, $1/2$ Lorbeerblatt, $1/2$ Btl. Helle Soße, 1 kl. Dose Champignons, Zitronensaft, 1 EL saure Sahne.

1 Portion enthält ca. 795 kJ (= 190 kcal),
14 g Eiweiß, 12 g Fett.

Leber mit Äpfeln und Tomaten

Putenleber waschen, auf geölte Alufolie legen, würzen. Apfel schälen, Kernhaus entfernen, in Scheiben schneiden, auf die Leber geben, leicht würzen, Tomaten häuten, entkernen, in Würfel schneiden, auf den Äpfeln verteilen. Petersilie und Butterflöckchen daraufgeben. Folie schließen. Im vorgeheizten Backofen ca. 20 Min. garen.
Beilage: Kartoffelpüree, Salat.
☐ Zwiebelringe in Fett glasig dünsten und dazu servieren.

300 g Kalbs- oder Putenleber, Salz gerebelter Oregano, Zwiebelgewürz, Öl, 1 Apfel, 2 Tomaten, 2 TL Butter, 1 TL gehackte Petersilie.

1 Portion enthält ca. 1235 kJ (= 295 kcal),
28 g Eiweiß, 10 g Fett.

Tip: Preisgünstiger ist Schweineleber. Sie verliert ihren strengen Geschmack, wenn man sie vor der Zubereitung eine Viertelstunde in Milch legt.

Fleischspeisen

Hasenrücken mit Weintrauben

1 Hasenrücken, ungespickt, 2 EL Öl, Thymian, Salz, 4 dünne Scheiben durchwachsener Speck, 150 g Weintrauben*), 2 EL Rotwein, 2 TL Butter.

*) Kernlose Sorten wählen. Oder Trauben halbieren und die Kerne entfernen.

Hasenrücken mit Salz und Thymian einreiben, auf geölte Alufolie legen. Mit Rotwein beträufeln. Mit Speckscheiben belegen. Weintrauben dazugeben. Folie schließen. Auf dem Rost im Backofen bei 200° 30 Min. garen. Folie öffnen, Speckstreifen entfernen, Butterflöckchen auf dem Hasenrücken verteilen und zergehen lassen. Gleich in der Folie servieren.

Beilagen: Kartoffelpüree, Salat.

☐ Mildes Sauerkraut dazu servieren.

1 Portion enthält ca. 1450 kJ (= 345 kcal), 23 g Eiweiß, 19 g Fett.

Rehsteaks Cumberland

2 Rehsteaks (aus der Keule) à 150 g.

Marinade:
2 EL Orangensaft, 1 EL Öl, 1/2 TL Senf, Salz, Streuwürze, 1/2 Msp. Paprika, 3 gestoßene Wacholderbeeren.

Salz, 2 Orangenscheiben, 1 TL Honig, 2 TL Johannisbeergelee.

Die Zutaten für die Marinade verrühren. Die Rehsteaks damit bestreichen und ca. 1¹/₂ Stunden durchziehen lassen. Das Fleisch auf den Grillrost legen und im vorgeheizten Grill von jeder Seite ca. 6 Min. grillen, salzen. Fleisch warmstellen. Orangenscheiben auf einer Seite mit Honig bestreichen, auf geölte Alufolie setzen und unter dem Grill heiß werden lassen. Auf jede Scheibe 1 EL Johannisbeergelee geben und auf die Rehsteaks setzen.

Beilage: Herzogin-Kartoffeln, Sellerie-Apfel-Frischkost.

1 Portion enthält ca. 865 kJ (= 205 kcal), 24 g Eiweiß, 10 g Fett.

Der Hasenrücken mit Weintrauben (Rezept s. o.) wird in Alufolie zubereitet und gleich darin serviert. Dazu Feldsalat und Herzogin-Kartoffeln (Rezept S. 86). ▶

Fischgerichte

Forellen in Alufolie mit Dillsoße

Die Forellen waschen, mit Küchenkrepp trockentupfen, innen und außen würzen. Je einen Fisch auf ein Stück gebutterte Alufolie legen, mit Weißwein innen und außen beträufeln. Butter und Dill vermischen und auf den Fisch verteilen. Die Folie locker aber fest verschließen. Die Fische im vorgeheizten Backofen auf dem Rost bei mittlerer Hitze ca. 30 Min. garen.
Folien öffnen, den Fisch anrichten. Den Fischsaft mit Dill zur Soße mit verwenden. Dillsoße: Seite 50, „Kräutersoße".
Beilage: Salzkartoffeln, Kopfsalat.

2 küchenfertige Forellen, Streuwürze, Salz, 3 EL Weißwein, 2 EL Butter, 1 EL gehackter Dill, Alufolie, ¹/₄ l Helle Soße, 1 TL Dill, Zitronensaft.

1 Portion enthält ca. 1000 kJ (= 240 kcal), 17 g Eiweiß, 13 g Fett.

Gedünsteter Heilbutt mit Champignons (nicht für L/G)

2 Stücke Alufolie fetten. Die Fischscheiben waschen, mit Küchenkrepp trockentupfen. Auf die Folie legen. Beide Seiten mit Zitronensaft beträufeln, würzen. 5 Min. durchziehen lassen. Champignons, Wein und Kartoffeln hinzugeben. Folie gut verschließen. Im vorgeheizten Backofen bei 145° oder unter dem Grill ca. 35 Min. garen.
Das Fischgericht mit Petersilie bestreut servieren. Nach Geschmack den Fond abgießen und mit zur Weißweinsoße verwenden. Die Soße gesondert dazu reichen (Rezept Seite 50).

2 Scheiben Heilbutt je 200 g, 1 EL Butter oder Diätmargarine, ¹/₂ Zitrone, Salz, Streuwürze, 1 kleine Dose sehr kleine Champignons, 5 EL Weißwein, 6–8 geschälte, kleine runde Kartoffeln, Alufolie.

1 Portion enthält ca. 1840 kJ (= 440 kcal), 34 g Eiweiß, 12 g Fett.

Fischgerichte

Überbackene Schollenröllchen

1 Pck. tiefgekühlte Schollenfilets, Zitronensaft, Streuwürze, gehackte Petersilie, 1 EL Butter oder Diätmargarine, 1 kleine Dose Champignons, blättrig geschnitten, Zwiebelgewürz, 5 EL Weißwein, 1 Ecke Schmelzkäse, 2 TL Helle Soße Instant, 1 EL geriebenen Käse, 1 EL saure Sahne.

Schollenfilets auftauen, beide Seiten mit Zitronensaft beträufeln, würzen. Petersilie auf den Filets verteilen und aufrollen, mit Holzstäbchen feststecken. Eine feuerfeste Form fetten. Fischröllchen hineinsetzen, Champignons mit der Flüssigkeit und dem Wein zugießen. Zwiebelgewürz darüberstreuen. Den Fisch zugedeckt bei mäßiger Hitze 20 Min. dünsten, die Röllchen herausnehmen. Schmelzkäsestücke zu den Pilzen geben, zerlaufen lassen. Eventuell mit Wasser zu knapp $1/4$ Liter auffüllen und die Masse mit dem Soßenpulver binden. Saure Sahne und geriebenen Käse darübergeben und das Fischgericht kurz unterm Grill überbacken.

Beilage: Salzkartoffeln, gemischter Salat.

☐ Zwiebelwürfel mit Champignons in Fett andünsten.

1 Portion enthält ca. 935 kJ (= 225 kcal), 24 g Eiweiß, 9 g Fett.

Tip: Dieses Gericht können Sie auch aus dem preiswerteren Rotbarsch- oder Schellfischfilet bereiten. Statt der Röllchen setzen Sie kleine, rundum gewürzte Schnitten dicht nebeneinander in die feuerfeste Form.

Ein Mittagessen für alle:
Überbackene Schollenröllchen (Rezept s. o.) mit Salzkartoffeln.
Dazu für alle Möhren-, Selleriefrischkost- und Feldsalat
(Rezept S. 76), (Paprikasalat gehört nicht zur Schonkost!).
Die Chicorée-Vorspeise ist pikant mit Joghurt und
Tomatenketchup abgeschmeckt.

Fischgerichte

Fischfilet Mailänder Art ✳

300–400 g Kabeljau-filet, Zitronensaft, Streuwürze, Salz, Zwiebelgewürz, ¹/₄ l kräftige Tomaten-soße, Petersilie.

Fischfilet waschen, mit Küchenkrepp trockentupfen. Beide Seiten mit Zitronensaft beträufeln, würzen, in ca. 3 cm große Stücke schneiden.
Die Tomatensoße bereiten. Fischwürfel hineingeben und 10 Min. gar ziehen lassen.
Beilage: Makkaroni, Salat.

1 Portion enthält ca. 1155 kJ (= 275 kcal), 37 g Eiweiß, 7 g Fett.

Fischklöße Florentine

¹/₂ Dose Fischbäll-chen (ca. 200 g), 1 Pck. tiefgekühlter Spinat (ca. 300 g), Salz, etwas Muskat, Streuwürze, 5 EL saure Sahne, 50 g geriebenen Eda-mer nach Belieben.

Fischbällchen mit der Flüssigkeit heiß werden lassen. Spinat nach der Verpackungsaufschrift zubereiten, mit Salz, Muskat und Streuwürze abschmecken, saure Sahne unterrühren. Auf einer vorgewärmten Platte anrichten. Fischklöße daraufsetzen, den Käse darüberstreuen und unter dem Grill kurz überbacken.
☐ In Fett angedünstete Zwiebelwürfel unter den Spinat geben.

1 Portion enthält ca. 1630 kJ (= 390 kcal), 49 g Eiweiß, 16 g Fett.

Fischsoufflé

300 g Fischfilet, Zitronensaft, Streuwürze, ¹/₂ Tasse Weißwein, 1 Tasse Wasser (zus. ca. 200 g), Schale von ¹/₂ Zitrone, 1 kleine Dose Champignons (ca. 150 g), blättrig geschnitten, 1 gestr. EL Mehl, 2 TL Butter, 1 Prise

Das Fischfilet in Würfel schneiden, mit Zitronensaft beträufeln, salzen.
Wasser, Wein und Zitronenschale mit Champignons in einem Topf zum Kochen bringen. Mit Streuwürze mild abschmecken. Die Fischwürfel hineingeben und zugedeckt 15 Min. ziehen lassen. Den Fisch aus der Brühe nehmen. Die Champignons mit dem Mehl bin-

70

den. Butter und Eigelb unterrühren. Das Eiweiß mit Salz und 1 Spritzer Worcestersoße zu steifem Schnee schlagen und unter die Champignonmasse heben. Eine kleine feuerfeste Form fetten. Den Kartoffelbrei einfüllen, glattstreichen (am Rand zur Hälfte formgerecht hochziehen). Die Champignons hineinfüllen. Die Fischwürfel darauf verteilen und in die Masse drücken, Käseflocken daraufsetzen. Das Soufflé im vorgeheizten Backofen bei 175° ca. 30 Min. überbacken.

Beilage: Salate.

□ Die Champignonmasse mit gedünsteten Zwiebelwürfeln würzen.

Salz, 2 Eier, Worcestersoße, 2 Portionen zubereiteten Kartoffelbrei (Fertigprodukt), $^1/_2$ Ecke Schmelzkäse.

1 Portion enthält ca. 1765 kJ (= 420 kcal), 40 g Eiweiß, 12 g Fett.

✲Schollenfilets in Zitronensoße

Wasser, Wein, Gewürze und die Möhre in dünne Scheiben geschnitten, zugedeckt ca. 10 Min. kochen lassen, die Flüssigkeit absieben, die gefrorenen Schollenfilets hineinlegen und 5 Min. gar ziehen lassen.

$^1/_4$ Liter helle Soße bereiten (den Fischsaft mit verwenden), mit Zucker, Zitronensaft und -schale abschmecken, saure Sahne darunterziehen und über die Schollenfilets gießen.

Beilage: Reis, Salat.

□ Schollenfilets in Specksoße: Helle Soße vermischt mit 1 EL ausgelassener Speckwürfel.

1 Pck. tiefgefrorene Schollenfilets (300 g), $^1/_2$ Tasse Wasser, 4 EL Weißwein, 1 kleine Möhre, $^1/_2$ Lorbeerblatt, 2 Stengel Petersilie, 2 Pimentkörner, Salz, $^1/_2$ Pck. Helle Soße, ca. $^1/_8$ l der Flüssigkeit Milch, $^1/_2$ Zitrone – Saft und abgeriebene Schale –, 4 EL saure Sahne, 1 Prise Zucker.

1 Portion enthält ca. 930 kJ (= 225 kcal), 26 g Eiweiß, 5 g Fett.

Fischgerichte

Fischfilet mit Äpfeln

300–400 g Fischfilet, Zitronensaft, Salz, 2 TL gehackte Petersilie, 1 TL Diätmargarine, 2 mittelgroße Äpfel, 3 EL Weißwein, Streuwürze.

Fischfilet waschen, in Portionsstücke schneiden, mit Küchenkrepp trockentupfen und mit Zitronensaft beträufeln, salzen. Eine feuerfeste Form fetten, Fisch hineinlegen. Äpfel schälen, vierteln, Kernhaus ausschneiden, in dünne Scheiben schneiden und auf dem Fisch verteilen. Weißwein zugießen, würzen. Form zudecken. Bei mittlerer Hitze ca. 15 Min. dünsten. Helle Soße oder milde Currysoße dazu servieren.
Beilage: Reis, Kopfsalat.

1 Portion enthält ca. 1180 kJ (= 280 kcal), 35 g Eiweiß, 4 g Fett.

Fisch auf Gemüsebett

300 g tiefgekühltes Gemüse (Gemüsebeilage oder Sommergemüse), ½ Tasse kräftige Brühe, 350–400 g Kabeljaufilet, Zitronensaft, Salz, 2 Tomaten, Streuwürze, Zwiebelgewürz, gehackte Petersilie, 2 Scheibletten Edamer Käse.

Das Fischfilet von beiden Seiten mit Zitronensaft beträufeln, salzen. Das gefrorene Gemüse in eine feuerfeste Form geben, die Brühe darübergießen, mit etwas Streuwürze und Zwiebelgewürz bestreuen. Den Fisch in 4 gleichgroße Scheiben schneiden und auf das Gemüse legen. Tomaten häuten, entkernen, in Streifen schneiden, auf dem Fisch verteilen, Petersilie und Salz darüberstreuen. Den Käse in Scheiben schneiden und im Gitter darüberlegen. Die Form verschließen. Bei milder Hitze auf dem Herd ca. 20 Min. gar dünsten lassen. In der Form servieren.
Beilage: Salzkartoffeln, Salat.
☐ Porree und Zwiebeln zum Gemüse geben.

1 Portion enthält ca. 1225 kJ (= 295 kcal), 43 g Eiweiß, 5 g Fett.

Gegrillte Goldbarschschnitten

Das Fischfilet mit Zitronensaft beträufeln, von beiden Seiten mit Tomatenmark bestreichen, salzen und mit Öl bepinseln. Die Kräuter hacken und beide Fischseiten damit bestreuen, festdrücken, nochmals vorsichtig mit Öl bestreichen. Den Grill vorheizen, den Rost mit Alufolie belegen, ölen, die Fischfilets daraufsetzen und unter den Grill schieben. Von beiden Seiten ca. 3–4 Min. grillen.
Beilage: Petersilienkartoffeln, Tomatensalat.

2 Scheiben Goldbarschfilet (300–400 g), ¹/₂ Zitrone, 1 TL Tomatenmark, 1 Bund gemischte Kräuter, Öl, Salz, Zitronenscheiben.

1 Portion enthält ca. 515 kJ (= 125 kcal), 20 g Eiweiß, 4 g Fett.

Fischfilet indisch

Das Fischfilet in Scheiben schneiden, mit Zitronensaft beträufeln, salzen, mit Öl bestreichen. Auf geölten Grillrost legen und im vorgeheizten Grill 4 Min. von jeder Seite grillen. Orange dick schälen, in Scheiben, dann in Würfel schneiden. Die Banane in Scheiben schneiden. Das Obst in gewürztem Mandarinensaft – Wein – Wasser andünsten. Mit wenig Curry bestäuben, mit Instant-Soße binden. Auf den heißen Fischscheiben anrichten.
Beilage: Toast, Kopfsalat.

300–400 g Fischfilet (Kabeljau), Zitronensaft, Salz, Öl, ¹/₂ Dose Mandarinen-Orangen, 1 Banane, 1 Orange, 4 EL Mandarinensaft, 2 EL Weißwein, 3 EL Wasser, Streuwürze, Zucker, 1 TL Instant-Helle-Soße, 2 EL Kondensmilch, Curry.

1 Portion enthält ca. 1325 kJ (= 315 kcal), 37 g Eiweiß, 5 g Fett.

Tip: Fischfiletgerichte bereiten Sie am besten immer in einer feuerfesten Form zu, die Sie gleich vom Herd auf den Tisch bringen können. Sie sparen das Umfüllen, und das Fischfilet zerfällt nicht.

Salate

Salatsoßen für Rohkostsalate:

Einfache Joghurtsoße
$^3/_4$ Becher Joghurt mit dem Saft einer $^1/_2$–1 Zitrone verrühren, mit 1 Teelöffel Zucker und 1 Prise Salz würzen.

Zitronensoße
Den Saft von $^1/_2$ Zitrone mit $^3/_4$ Tasse Apfelsaft mischen, mit 1 Prise Streuwürze abschmecken.

Salatsoße mit Eischnee
2 Eiklar mit dem Saft von $^1/_2$ Zitrone und 1 Prise Salz sehr steif schlagen. 4 EL kräftige Brühe, 1 EL Essig unterrühren. Mit Salz und Kräutern abschmecken.

Salatcreme

Zitrone und Orange auspressen, den Saft mit der Sahne und den übrigen Zutaten kräftig durchschlagen.

$^1/_2$ Zitrone, $^1/_2$ Orange, $^1/_2$ TL Salz, 4 EL Sahne, $^1/_2$ TL Honig, 1 TL Meerrettich, 2 TL gehackte Kräuter.

Indische Melone

Melone halbieren, Kerne entfernen. Das Fruchtfleisch herauslösen und klein würfeln. Äpfel und Apfelsine ebenfalls in Würfel schneiden. Banane in Scheiben. Das Obst in die Melonenschale füllen, auf Salatblatt setzen.
Das Eigelb mit Zitronensaft, Senf und Kondensmilch glattrühren, die Soße abschmecken. Das Eiweiß sehr fein hacken, untermischen. Die Soße über die Früchte gießen.

1 Portion enthält ca. 1420 kJ (= 340 kcal), 10 g Eiweiß, 3 g Fett.

$^1/_2$ kleine Melone, 1 geschälter Apfel, 2 geschälte Bananen, 2 geschälte Apfelsinen, 1 gehäutete Tomate, Kopfsalatblätter.
Zur Soße:
1 hartgekochtes Ei, 1 EL Zitronensaft, $^1/_2$ TL Senf, 4 EL Kondensmilch, 2 EL Salatcreme (25 % Fett), Streuwürze, Zucker, Salz, 1 TL Curry.

Salate

Tip: – Frische Salate immer erst kurz vor dem
Essen zubereiten,
– zugedeckt stehen lassen,
– Gemüse und Obst in die fertige Marinade
geben,
– je feiner zerkleinert, um so besser bekommt
rohes Obst und Gemüse.

Frischkost

Je Portion rechnet man 100–150 g fertige Frischkost.

Frischkost schmeckt nicht nur gut. Sie ist eine appetit-
anregende, sättigende Vorspeise und obendrein reich an
Vitamin C. Probieren und „kombinieren" Sie Obst und
Gemüse mal selbst nach Geschmack.

Zutaten	Menge	Zubereitung	Soßenvorschlag
Möhren **Apfel**	halb und halb	fein reiben	Joghurtdressing od. Zitronensoße
Sellerie **Apfel**	halb und halb	fein reiben	Joghurtdressing od. Zitronensoße
Apfel **Tomaten** **Bananen**	zu gleichen Teilen	fein reiben Würfel Scheiben	Joghurtdressing
Chicorée **Orange**	2 Teile 1 Teil	längs halbieren feine Streifen Filets	Salatcreme
Spinat **Banane**	200 g Blattspinat 2 Bananen 1 TL fr. Estragon	Stiele entfern. Streifen Scheiben	Salatsoße mit Eischnee

Frischkost, vielseitig kombiniert, appetitlich „frisch" angerichtet:
1 = Indische Melone (Rezept S. 75), 2 = Chicorée, Orange
und Grapefruit (Rezept S. 76), 3 = Apfel-Sellerie-Frischkost
(Rezept S. 76) auf Spinatsalat (Rezept S. 78), 4 = Bananen-
Tomaten-Frischkost mit Zitronensoße, 5 = Grapefruit-Avocado-
Mandarinen (Rezept S. 78), 6 = Auf Salatblättern angerichtet:
Möhren-Apfelfrischkost mit Joghurtsoße (Rezept S. 76). ▶

Salate

Sellerie	200 g Sellerie	fein reiben	Einfache
Pfirsich	3 Hälften Kompottpfirsiche	dünne Spalten	Joghurtsoße
Ananas	zu gleichen Teilen	würfeln	Zitronensoße
Pfirsich	(frisch oder aus der Dose)		
Ananas	zu gleichen Teilen	würfeln	Einfache
Apfel		feine Spalten	Joghurtsoße
Endivie		Streifen schneiden	
Grapefruit	zu gleichen Teilen	würfeln	Salatcreme
Avocado		Scheiben schneiden	
Apfelsine		würfeln	

Schwarzwurzelsalat mit Möhren

¹/₂ Dose Schwarzwurzeln (oder 375 g frische), ¹/₂ Päckchen tiefgekühlte Möhren, ¹/₂ Apfel.

Marinade aus:

**1 EL Essig,
1 EL Zitronensaft,
3 EL Schwarzwurzelsaft, 1 EL gehackte Petersilie, Salz, Streuwürze, Zwiebelgewürz.**

Die Schwarzwurzeln abtropfen lassen. Möhren in wenig Wasser fest gar dünsten, den Apfel schälen, grob reiben. Gemüse und Apfel mit pikanter Marinade übergießen, ca. 2 Stunden durchziehen lassen.

☐ Mit kleinen Zwiebelwürfeln und Pfeffer würzen.

1 Portion enthält ca. 385 kJ (= 90 kcal), 2 g Eiweiß, – g Fett.

Spinatsalat

125 g frischer Spinat, 1 kleine Orange, ¹/₂ Grapefruit, Eischneesoße (Seite 74).

Spinat gut waschen und abtropfen lassen. Das Obst dick schälen – Innenhaut der Früchte mit entfernen – in große Würfel schneiden. Mit Eischneesoße übergießen, durchmischen und sofort servieren.

1 Portion enthält ca. 240 kJ (= 55 kcal), 1 g Eiweiß, – g Fett.

Bohnen-Tomatensalat

Bohnen in einem Sieb abtropfen lassen. Tomaten häuten, entkernen, in Streifen schneiden. Marinade darübergießen, zugedeckt ca. 30 Min. ziehen lassen.

1 Portion enthält ca. 275 kJ (= 66 kcal), 4 g Eiweiß, – g Fett.

250 g Wachsbohnen (¹/₂ Dose), 4 kleine Tomaten.
Marinade:
Weinessig, Salz, Zwiebelgewürz, Streuwürze, 1 Prise Zucker.

Gemüsesalat

Das Gemüse in 1 Tasse Salzwasser kernig weich kochen, Wasser abgießen. Äpfel schälen, grob raffeln, Tomaten häuten, entkernen und in kleine Stücke schneiden. Mayonnaise mit Joghurt verrühren, mit den übrigen Zutaten pikant abschmecken, unter Gemüse und Äpfel mischen, durchziehen lassen.

1 Portion enthält ca. 775 kJ (= 185 kcal), 7 g Eiweiß, 3 g Fett.

1 Packung tiefgekühlte Erbsen und Möhren, ¹/₂ Packung tiefgekühlte Bohnen, 1 Apfel, 2 Tomaten, 1 EL Salatmayonnaise, 1 EL Joghurt, 2 TL Zitronensaft, Streuwürze, 1 EL gehackte Kräuter, 1 kleine feingeriebene Essiggurke, Salz, 1 Prise Zucker.

Salate zum Sattessen

als Mittagsimbiß oder zum Abendbrot.

Nudelsalat

Hörnchen in Salzwasser kochen. Erbsen und Möhren fast gar dünsten. Tomaten häuten, in grobe Würfel schneiden, Mortadella in feine Streifen. Alle Zutaten in eine Schüssel geben und mit der Marinade übergießen. Ca. 1 Stunde durchziehen lassen. Mit Petersilie bestreut servieren.

1 Portion enthält ca. 1825 kJ (= 435 kcal), 17 g Eiweiß, 19 g Fett.

100 g Hörnchennudeln, 100 g tiefgefrorene Erbsen und Möhren, 2 Tomaten, 100 g Mortadella.
Marinade aus:
¹/₂ Becher Joghurt, 2 EL Essig, Salz, 1 Prise Zucker, 2 TL Tomatenketchup, Zwiebelpulver, 1 EL gehackte Petersilie.

Salate

Israel-Salat

1 reife Avocado,
$^1/_2$ Grapefruit,
1 Orange,
125 g Zunge.
Marinade:
Salatsoße mit Ei-
schnee, ohne Kräuter,
Kopfsalatblätter.

Die Avocado schälen, halbieren, in Scheiben schneiden. Grapefruit und Orangen dick schälen, quer in Scheiben, dann in Würfel schneiden. Zunge würfeln. Die Zutaten mischen. Marinade darüberziehen und vorsichtig unterheben. Etwa $^1/_4$ Stunde durchziehen lassen. Auf Salatblättern anrichten.

1 Portion enthält ca. 1690 kJ (= 405 kcal), 11 g Eiweiß, 30 g Fett.

Putensalat

200 g gekochtes
Putenfleisch,
50 g Feldsalat,
1 Apfel, 1 kleine
Sellerieknolle,
2 EL Weinessig,
$^1/_8$ l saure Sahne,
Salz, Pfeffer, Zucker.

Putenfleisch (ohne Haut) grob würfeln. Feldsalat verlesen, waschen und gut abtropfen lassen. Fleisch und Feldsalat mit geriebenem Apfel und der in feine Streifen geschnittenen Sellerieknolle mischen. Mit Essig, saurer Sahne, Salz, Pfeffer und Zucker anmachen.

1 Portion enthält ca. 1330 kJ (= 320 kcal), 19 g Eiweiß, 17 g Fett.

Palmitosalat

$^1/_2$ Dose Palmito,
$^1/_2$ Dose Mandarinen,
1 kleine Avocado,
100 g gekochten
Schinken, Braten
oder Geflügelfleisch,
1 EL Weißwein,
2 EL Zitronensaft,
Salz, Zwiebelgewürz,
1 Prise Zucker,
1 EL Öl, Mandarinen-
saft, gehackte Peter-
silie, Salatblätter.

Palmitos abtropfen lassen, in Scheiben schneiden. Avocado halbieren, Kern herausnehmen, das Fruchtfleisch sorgfältig aus den Schalen lösen, würfeln. Schinken oder Fleisch in feine Streifen schneiden. Eine pikante Marinade herstellen. Früchte und Fleisch damit übergießen. Durchziehen lassen. Auf Kopfsalatblättern anrichten.

1 Portion enthält ca. 1495 kJ (= 355 kcal), 13 g Eiweiß, 27 g Fett.

Für Feinschmecker: Palmitosalat (Rezept s. o.), dekorative Garnituren: Tomatenspirale, Radieschen-, Möhrenblüten, Zitronenkörbchen, aufgerollte Möhrenspäne. ▶

Salate

Käsesalat

150 g Gouda-Käse,
1 großer Apfel,
200 g Sellerie (Dose),
Salatsoße mit
Eischnee, Kopfsalat-
blätter zum Anrichten.

Den Käse in feine Streifen schneiden, den Apfel schälen, grob reiben, den Sellerie würfeln. Die Zutaten mit der Marinade übergießen. Zugedeckt etwa 1 Stunde ziehen lassen. Auf Kopfsalat anrichten.

1 Portion enthält ca. 1340 kJ (= 320 kcal), 21 g Eiweiß, 18 g Fett.

Edamer-Salat

ca. ¹/₂ Kopfsalat,
2 geschälte Äpfel,
1 EL Zitronensaft,
150–200 g Edamer,
ca. 100 g Ananas-
stücke (Dose),
gehackte Petersilie.

Marinade:
¹/₂ Becher Trinkmilch-
joghurt, 2 EL Wasser,
evtl. Zitronensaft,
Salz, Zucker.

Den Kopfsalat vorbereiten, auf einen Teller legen, die Äpfel in dünne Spalten schneiden, den Sellerie würfeln und auf den Salat geben. Mit Zitronensaft beträufeln. Den Käse in feinen Stiftchen geschnitten und abgetropfte Ananasstücke – nochmals zerkleinert – darüber verteilen. Mit Joghurtsoße übergießen. Petersilie darüberstreuen.

1 Portion enthält ca. 2105 kJ (= 500 kcal), 32 g Eiweiß, 27 g Fett.

Fischsalat mit Gemüse

200 g Kabeljaufilet,
frisch oder tiefgekühlt,
150 g (¹/₂ Packung)
tiefgekühltes Gemüse
(Gemüsebeilage)
oder verschiedenes
gekochtes Gemüse,
1 Apfel.

Marinade:
¹/₂ Becher Joghurt,
1 EL Öl, 1 kleine
Gewürzgurke, sehr
fein gerieben, Salz,
Streuwürze, Wein-
essig, Zwiebelgewürz.

Das Fischfilet in ¹/₂ Tasse Wasser mit Zitronensaft und Salz gar dünsten. In grobe Stücke zerpflücken. Gemüse in ¹/₂ Tasse Salzwasser garen. Den Apfel schälen, grob reiben. Alle Zutaten in eine Schüssel füllen, mit kräftig schmeckender Marinade übergießen. Zugedeckt etwa 1 Stunde ziehen lassen, nochmals abschmecken.

1 Portion enthält ca. 950 kJ (= 225 kcal), 21 g Eiweiß, 19 g Fett.

Spargel-Orangen-Salat
mit Schinken

Spargel in 2 cm lange Stücke schneiden, in die Marinade aus Salatcreme, Joghurt, Worcestersoße und Zucker zugeben. Die Orange dick schälen, quer in Scheiben schneiden, diese würfeln. Mit dem Spargel vermischen und in der Marinade ca. 1 Stunde ziehen lassen. Auf Kopfsalatblättern die Schinkenstreifen häufen, den Salat darübergeben. Mit Kresse bestreut servieren.

¹/₁ Dose Spargelspitzen, 1 Orange, 1 EL Salatcreme, 1 EL Joghurt, 1 Spritzer Worcestersauce, Salz, Zucker, 150 g gekochten Schinken in Streifen, Kopfsalatblätter, wenig Kresse.

1 Portion enthält ca. 1245 kJ (= 300 kcal), 18 g Eiweiß, 15 g Fett.

Reissalat moderne Art

Reis in viel Salzwasser 20 Min. kochen. In ein Sieb schütten, mit kaltem Wasser überbrausen, abtropfen lassen und mit der Marinade und Petersilie vermischen. Das Fleisch in grobe Würfel schneiden, die gehäuteten Tomaten in Streifen. Unter den Reis mengen. Zugedeckt durchziehen lassen. Garniert mit Pfirsichspalten und evtl. mit etwas Curry bestäubt servieren.

¹/₂ Tasse Langkornreis, 125 g gares Geflügelfleisch, Kalbfleisch oder Schinken, 2 Tomaten, 1 EL gehackte Petersilie, 2–4 Pfirsichhälften (Dose).

Marinade aus:

1–2 EL Pfirsichsaft, 2 EL Weinessig, 1 EL Öl, Streuwürze, Zucker, Worcestersoße.

1 Portion enthält ca. 1825 kJ (= 435 kcal), 17 g Eiweiß, 19 g Fett.

Tip: Nudeln und Reis als Salatzutaten lassen sich gut gegeneinander austauschen. Ebenso gekochter Schinken, gares Geflügel- oder Kalbfleisch. Äpfel im Salat geben frischen Geschmack.

Beilagen

Pikante Kartoffelpürees

Salzkartoffeln kochen, abgießen und heiß durch die Kartoffelpresse drücken. Heiße Milch, Fett und Gewürze zugeben. Schaumig rühren.
Oder: 2 Portionen Kartoffelpüree „Fertigprodukt aus der Tüte", nach den Empfehlungen auf der Packung zubereiten.

375 g Kartoffeln,
¹/₈ l heiße Milch,
2 TL Butter oder
Diätmargarine, Salz,
Muskat.

1 Portion enthält ca. 1145 kJ (= 275 kcal), 8 g Eiweiß, 4 g Fett.

Tomatenpüree: Kartoffelbrei zubereiten. 2 kleine Tomaten häuten, würfeln, 1 TL Tomatenketchup unterziehen. Mit gehackter Petersilie bestreuen.

Kapernpüree: Kartoffelbrei zubereiten. 1 EL Kapern sehr fein hacken, untermischen. Mit gehackter Petersilie bestreuen.

Schinkenpüree: Kartoffelbrei zubereiten. 2–3 EL kleine Würfel von rohem oder gekochtem Schinken untermischen.

Kräuterpüree: Kartoffelbrei zubereiten. 2 EL gehackte Kräuter daruntermischen.

Senfpüree: Kartoffelbrei zubereiten. 2 TL mittelscharfen Senf unterrühren.

Käsepüree: Kartoffelbrei zubereiten. 2 TL Parmesan, 2 TL geriebenen Edamer unterrühren.

Kartoffelschnee

Die Salzkartoffeln kochen, noch heiß durchpressen, sofort mit 1 TL Butter oder Diätmargarine servieren.

Beilagen

Herzogin-Kartoffeln

250–375 g mehlig-kochende Kartoffeln, Salz, 1 TL Butter, Muskat, 2 Eigelb.

Kartoffeln schälen, Salzkartoffeln gar kochen, abgießen, auf der Kochstelle im Topf ausdämpfen lassen. Durch die Kartoffelpresse drücken, mit Butter, Muskat und Salz verrühren. Eigelb untermischen und die Masse in einen Spritzbeutel füllen. Auf ein gefettetes Backblech Häufchen spritzen und bei 180 Grad ca. 25 Min. backen.

1 Portion enthält ca. 800 kJ (= 190 kcal), 5 g Eiweiß, 8 g Fett.

Bäckerinkartoffeln

6 mittelgroße geschälte Kartoffeln, 1 ¹/₂ Tassen Brühe, 1 Lorbeerblatt, Muskatnuß, Majoran.

Kartoffeln schälen, vierteln, in dünne Scheiben schneiden, in der gewürzten Brühe weich kochen, im Fond servieren. Beigabe zu Fleisch ohne Soße.

1 Portion enthält ca. 800 kJ (= 190 kcal), 5 g Eiweiß, 8 g Fett.

Gemüse-Brühkartoffeln

4 mittelgroße Kartoffeln, 1 Möhre, 1 St. Sellerie, 2 Tassen kräftige Brühe, Liebstöckl, 2 TL gehackte Petersilie.

Kartoffeln und Gemüse putzen, Kartoffeln würfeln, Gemüse grob hacken. Brühe zum Kochen bringen, Kartoffeln und Gemüse mit Liebstöckl darin weich kochen, Petersilie untermischen. Mit der Brühe zu Fleisch oder Fisch servieren.

1 Portion enthält ca. 870 kJ (= 205 kcal), 6 g Eiweiß, 1 g Fett.

Dillkartoffeln

Pellkartoffeln kochen, schälen, in dünne Scheiben schneiden, in feuerfeste Form legen, mit kochender Milch-Brühe-Mischung übergießen, würzen. Fett und Dill zugeben. Kartoffeln zugedeckt bei milder Hitze gut durchziehen lassen.

250 g Kartoffeln, ³/₄ Tasse Brühe, ¹/₂ Tasse Milch, Salz, Zwiebelgewürz, 2 TL Butter oder Diätmargarine.

1 Portion enthält ca. 685 kJ (= 165 kcal), 4 g Eiweiß, 5 g Fett.

Tip: Wesentliche Arbeitserleichterungen bringen die verschiedenen vorgefertigten Kartoffelerzeugnisse.

Kartoffelomelett mit Fleischwurst

Die Pellkartoffeln kochen, schälen, in Scheiben schneiden. Fleischwurst in Scheiben schneiden, in einer beschichteten Pfanne erhitzen. Tomaten häuten, entkernen, in Würfel schneiden, dazugeben. Die Milch mit den Eiern und den Gewürzen verquirlen, pikant abschmecken und über die Kartoffeln gießen. Bei geringer Hitze das Omelett in zugedeckter Pfanne festwerden lassen. Dazu paßt gemischter Salat.
☐ Kartoffeln mit 1 EL Öl und Zwiebelwürfeln kräftig anbraten.

4 Kartoffeln, 150 g Fleischwurst (Lyoner), 2 Tomaten, 3 Eier, 4 EL Milch, Streuwürze, Salz, 1 Msp. gerebelten Majoran, gemahlenen Kümmel, 1 EL Petersilie.

1 Portion enthält ca. 2355 kJ (= 565 kcal), 25 g Eiweiß, 31 g Fett.

Beilagen

Spätzle

175 g Mehl,
1/2 TL Salz, Muskat,
2 Eier, 1/8 l warmes
Wasser, 2 TL Butter.

Das Mehl in eine Schüssel geben, mit Salz, Muskat, Eiern und warmem Wasser zu einem Teig rühren. 15 Min. ziehen lassen. Salzwasser im weiten Topf zum Kochen bringen. Ein befeuchtetes Brett mit Spätzleteig bestreichen und mit einer Palette oder breitem Messer dünne Streifen ins Wasser schaben. Ziehen lassen, bis die Spätzle schwimmen. Mit dem Schaumlöffel Spätzle herausnehmen. In eine Schüssel geben, Butter untermischen.

☐ Ein beliebtes schwäbisches Hauptgericht: Spätzle mit reichlich geriebenem Emmentaler vermischen, in Fett geröstete Zwiebeln darübergeben, mit Kopfsalat servieren.

1 Portion enthält ca. 1780 kJ (= 450 kcal), 16 g Eiweiß, 11 g Fett.

Tip: Mit dem Spätzlehobel zubereitet, werden die Spätzle rund. Sie heißen dann mancherorts Knöpfle.

Schinken-Ananas-Reis

1 Tasse Langkornreis,
1 1/2 Tassen Brühe,
2–3 Scheiben Ananas
in Würfel (a. d. Dose),
1/2 Tasse Ananassaft,
2 Scheiben gekochten
Schinken, Curry,
Streuwürze.

Reis in die kochende Brühe geben, 20 Min. im zugedeckten Topf ausquellen lassen. Ananaswürfel, Saft und die Schinkenwürfel dazugeben, mit Curry und Streuwürze abschmecken. Zugedeckt noch ca. 15 Min. quellen lassen. Beilage: Salat.

1 Portion enthält ca. 1555 kJ (= 390 kcal), 13 g Eiweiß, 10 g Fett.

Selbstgemachte Spätzle, eine schmackhafte Beilage. (Rezept s. o.)

▶

Beilagen

Grießgnocchi

Grießbrei aus:
$^1/_2$ l Milch,
100 g grober Grieß,
Salz, 1 TL Butter oder
Diätmargarine.
1 Ei, 1 Tasse Milch,
1 EL geriebener
Parmesankäse,
Muskat, Salz,
gehackte Petersilie.

Einen dicken Grießbrei bereiten, 10 Min. quellen lassen. Die Masse 1 cm dick auf ein nasses Resopalbrett streichen und erkalten lassen. 4–5 cm große Scheiben schneiden. Eine flache feuerfeste Form fetten, die Grießscheiben schuppenartig hineinlegen. Im Grill leicht bräunen. Ei, Milch und Käse verquirlen, abschmecken und über den Grieß gießen. Mit Alufolie abdecken und solange im Grill erhitzen, bis die Flüssigkeit aufgesogen ist, mit Petersilie bestreut servieren.
Beilage zu Fleisch.

1 Portion enthält ca. 1575 kJ (= 375 kcal),
23 g Eiweiß, 7 g Fett.

Tomatenreis

$^3/_4$ Tasse Langkornreis,
1 $^1/_2$ Tassen Brühe,
500 g Tomaten,
Streuwürze, Salz,
Petersilie,
2 TL Butter oder
Diätmargarine.

Tomaten einritzen, häuten, entkernen, in grobe Würfel schneiden. Tomaten mit dem Saft (ohne Kerne) und der Brühe in feuerfester Form zum Kochen bringen. Reis dazugeben, vorsichtig durchmischen. Zugedeckt bei milder Hitze 25 Min. quellen lassen. Fett und Petersilie unterrühren.

1 Portion enthält ca. 1910 kJ (= 455 kcal),
1 g Eiweiß, 5 g Fett.

Tip: Mischen Sie statt Tomaten Champignons unter den Reis. Oder je Person 1 Scheibe gekochten, gewürfelten Schinken und gewürfelte Ananas aus der Dose. Mit wenig Curry abschmecken.

Gemüse

Gemüse

Blumenkohl mit Käsesoße

1 mittelgroßer
Blumenkohl,
$^1/_2$ l Käsesoße (S. 50),
2 EL Kondensmilch,
Parmesankäse,
2 Scheiben gekochten
Schinken, gehackte
Petersilie.

Blumenkohl putzen, den ganzen Kopf in Salzwasser garen. Zusammen mit dem in Streifen geschnittenen Schinken auf einer Platte anrichten, Käsesoße mit Parmesan und Kondensmilch abschmecken und darüber gießen.

1 Portion enthält ca. 1455 kJ (= 345 kcal),
20 g Eiweiß, 20 g Fett.

Tomaten-Nudelpfanne

200 g Nudeln, Salz,
$^1/_2$ Dose geschälte
Tomaten,
je $^1/_2$ TL Basilikum
und Thymian oder
Rosmarin, 1 TL Streu-
würze, 2–3 Eier,
25 g Butter oder
Margarine, 25 g gerie-
benen Käse.

Nudeln in Salzwasser garen. Tomaten abgießen (Saft mit Zitrone, Salz und etwas Paprika gewürzt als Getränk servieren) und mit Kräutern und Streuwürze 5 Min. kochen. In beschichteter Pfanne verquirlte, gewürzte Eier zu weichem Rührei stocken lassen. Mit den heißen Nudeln und Butter mischen. Tomaten daraufgießen, mit Käse bestreut servieren.

1 Portion enthält ca. 2710 kJ (= 645 kcal),
26 g Eiweiß, 23 g Fett.

Gurkengemüse mit Dill

500 g frische Gurke,
2 EL Weißwein,
2 EL Wasser, Salz,
2 TL gehackten Dill,
Streuwürze, 1 Prise
Zucker, 1 Stück Mehl-
Butter-Rolle,
2 EL saure Sahne.

Gurken schälen, halbieren, in ca. 2 cm dicke Scheiben schneiden, in Wein und Wasser mit den Gewürzen ca. 10 Min. dünsten. Mit Mehl-Butter binden, saure Sahne unterziehen, abschmecken. Beilage zu Hackbraten oder Frikadellen.

1 Portion enthält ca. 410 kJ (= 100 kcal),
1 g Eiweiß, 5 g Fett.

Oben: Blumenkohl mit Käsesoße und gekochtem Schinken.
Unten: Tomaten-Nudel-Pfanne (Rezepte s. o.).

▶

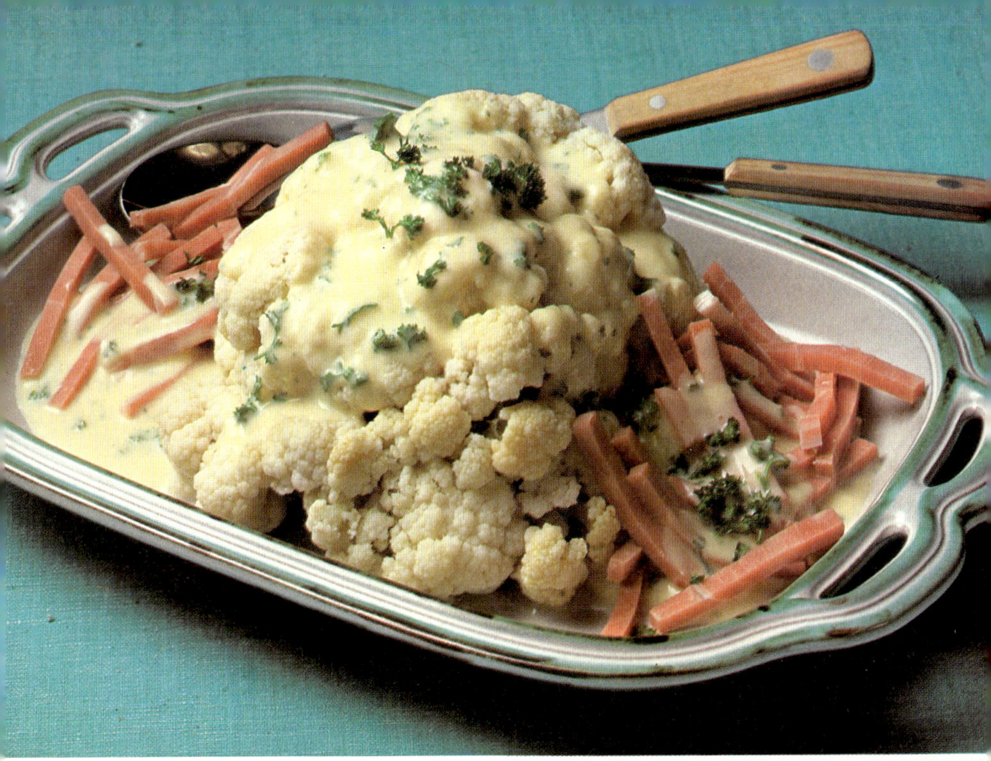

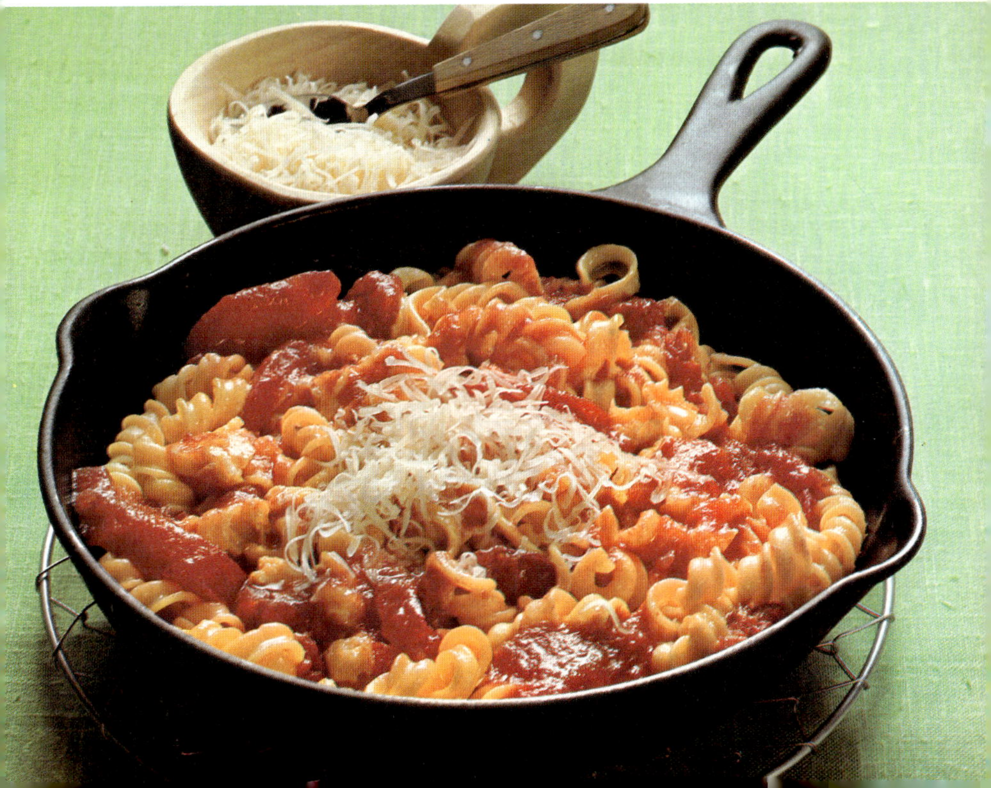

Gemüse

Gedünsteter Broccoli

1 Packung tief-
gekühlter Broccoli,
$^1/_8$ l Flüssigkeit, halb
Brühe, halb Weiß-
wein, 1 EL Butter,
Salz, 1 Prise Zucker.

Den Broccoli in der Flüssigkeit mit der Butter ca. 15 Min. gar dünsten, mit Salz und Zucker würzen und abtropfen lassen.
Zu Fleischgerichten servieren. Dazu paßt auch Weißweinsoße, Käsesoße.
☐ Mit Pfeffer würzen.

1 Portion enthält ca. 465 kJ (= 110 kcal),
5 g Eiweiß, 4 g Fett.

Tip: Probieren Sie einmal Broccoli-Püree: Das gedünstete Gemüse mit dem Handrührgerät
musig rühren. 1 EL Kondensmilch untermischen.

Gefüllte Gurken

1 $^1/_2$ mittelgroße
Gurken, Salz,
Zitronensaft,
150 g gemischtes
Hackfleisch,
$^1/_2$ Brötchen, 1 Eigelb,
Zwiebelgewürz,
Streuwürze,
1 TL Senf,
1 TL gehackte Peter-
silie, 1 Tasse Brühe,
2 TL Tomatenmark,
Salz, 1 Prise Zucker,
1 Scheibe Mehl-
Butter, Dill,
2 EL saure Sahne.

Gurken schälen, Enden abschneiden, längs und die ganze Gurke quer halbie-ren, Kerne herausnehmen, salzen, mit Zitronensaft beträufeln. Aus dem Hack-fleisch mit Ei, eingeweichtem, ausge-drücktem und zerpflücktem Brötchen und den Gewürzen einen kräftig schmeckenden Fleischteig bereiten und in 3 Gurkenstücke füllen. Die anderen Hälften darauflegen, mit Faden zusam-menbinden. Brühe mit Tomatenmark und den Gewürzen abschmecken und in feuerfester Form zum Kochen bringen, die Gurken hineinlegen und zugedeckt ca. 30 Min. dünsten. Die Flüssigkeit auf $^1/_4$ Liter auffüllen, Soße binden, mit reichlich Dill abschmecken, saure Sah-ne unterrühren, über die Gurken gießen.

1 Portion enthält ca. 1140 kJ (= 270 kcal),
19 g Eiweiß, 15 g Fett.

> **Tip:** Zum Füllen mit Hackfleisch eignen sich auch Tomaten, Auberginen, junge Kohlrabi, Zucchini. Dazu passen: Tomatensoße und Käsesoße.

Bleichsellerie (Stangensellerie)

Vom Sellerie die Blätter entfernen, die Stangen bündeln und in Salzwasser mit 1 Prise Zucker ca. 25 Min. gar kochen. Abtropfen lassen. Das Gemüse mit Holländischer Soße oder Käsesoße servieren.

375–500 g Bleichsellerie, Salz, 1 Prise Zucker, Wasser.

☐ Mit brauner Butter servieren. Schmeckt zu gegrilltem Fleisch.

1 Portion enthält ca. 700 kJ (= 170 kcal), 5 g Eiweiß, 8 g Fett.

Spargel mit Maltasoße

Frischen Spargel schälen, mit Zitronenschale und Butter in kochendes Salzwasser geben, ca. 20 Min. bei mäßiger Hitze gar kochen (Wasser soll leicht, aber nicht sprudelnd kochen); Dosenspargel erhitzen, abtropfen lassen, auf einer Platte, garniert mit Orangenscheiben und Petersilie, anrichten. Maltasoße dazu reichen.
Dazu schmeckt Kartoffelpüree und Schinken.

500–750 g Stangenspargel (frisch oder Dose), 1 Stück Zitronenschale, 1 TL Butter, Salzwasser, Petersilie. Soßenrezept „Malteser Soße", Seite 51.

1 Portion enthält ca. 750 kJ (= 180 kcal), 5 g Eiweiß, 6 g Fett.

Gemüse

Selleriegemüse mit Tomaten ✳

1 kleine Sellerie-
knolle, ¹/₂ Tasse
Brühe, 500 g Toma-
ten, 1 Stück Butter-
Mehl-Rolle, Zitronen-
saft, Salz, Streu-
würze, 1 Prise Zucker,
gehackte Petersilie.

Sellerie waschen, schälen, in dünne
Stiftchen schneiden, ca. 20 Min. in der
Brühe dünsten. Tomaten häuten, entkernen, in Streifen schneiden, zum
Sellerie geben und ca. 10 Min. mitdün-
sten. Gemüse mit Mehl-Butter binden,
abschmecken. Mit Petersilie bestreut
servieren.

*1 Portion enthält ca. 545 kJ (= 130 kcal),
4 g Eiweiß, 5 g Fett.*

Apfelgemüse ✳

500 g Äpfel,
etwas Majoran,
1 Tasse Brühe,
1 Stück Mehl-Butter-
Rolle, Salz,
Streuwürze,
Zwiebelgewürz,
1 EL Kondensmilch.

Äpfel schälen, in Spalten teilen, in der
Brühe mit Majoran gar dünsten, mit
Mehl-Butter binden, abschmecken,
Kondensmilch unterrühren.
Beilage zu gedünsteter Leber, Hack-
braten mit Salzkartoffeln.
☐ Mit ¹/₂ Zwiebel zubereiten.

*1 Portion enthält ca. 775 kJ (= 180 kcal),
2 g Eiweiß, 3 g Fett.*

Brüsseler Gemüse ✳

250 g Chicorée,
1 geschälter Apfel,
2 Tomaten, ¹/₂ Tasse
Brühe, Streuwürze,
1 Stück Mehl-Butter-
Rolle, 1 EL saure
Sahne, 2 TL gehackte
Petersilie.

Chicorée putzen, am unteren Ende den
Kegel ausstechen, in ca. 3 cm lange
Stücke schneiden, den Apfel in feine
Spalten, die gehäutete, entkernte To-
mate in Würfel. Das Gemüse in der Brü-
he ca. 20 Min. gar dünsten, mit Mehl-
Butter binden, abschmecken. Saure
Sahne unterrühren, mit Petersilie be-
streut anrichten. Zu Kartoffelpüree und
gegrilltem Fleisch.

*1 Portion enthält ca. 560 kJ (= 135 kcal),
3 g Eiweiß, 5 g Fett.*

Aufläufe

Aufläufe

Nudeln mit Schinken und Champignons

150 g breite Nudeln, 100 g gekochter Schinken, 1 kleine Dose Champignons, 1 großes Ei, ³/₄ Tasse Milch, Salz, Muskatnuß, 1 EL gehackte Petersilie, Fett zur Form, 1 EL Butter.

Die Nudeln in reichlich Salzwasser kernig weich kochen, abgießen, kalt überspülen, im Sieb abtropfen lassen. Feuerfeste Form fetten. Schinken in Würfel, Champignons blättrig schneiden. Nudeln, Schinken und Champignons vermischt in die Form füllen. Ei, Milch und Champignonwasser mit Petersilie verquirlen, würzen und über die Nudeln gießen, Butterflöckchen darauf verteilen. Den Auflauf im vorgeheizten Backofen bei Mittelhitze ca. 30 Min. goldgelb überbacken.
Beilage: Tomatensoße, Salat.

1 Portion enthält ca. 2260 kJ (= 540 kcal), 27 g Eiweiß, 19 g Fett.

Tip: Statt Schinken können Sie Reste von Braten oder Fleischwurstscheiben verwenden.

Chicorée mit Schinken überbacken

4 mittelgroße Stauden Chicorée, 4 Scheiben mageren gekochten Schinken, ¹/₄ l dicke helle Soße, 1 Ecke Schmelzkäse, Zitronensaft, Muskatnuß.

Den Chicorée putzen, den Kegel am unteren Ende ausstechen, im Salzwasser 10 Min. gar kochen. Auf einem Sieb gut abtropfen lassen. Aus je halber Menge Gemüsewasser und Milch eine ¹/₄ Liter dicke Soße bereiten. Käse in Würfel schneiden, zugeben und darin schmelzen lassen. Mit Zitronensaft und Muskatnuß würzen. Je eine Staude

Chicorée mit Schinken umhüllen, nebeneinander in eine feuerfeste, gefettete Form setzen. Die Käsemasse darüberziehen. Und im Grill goldgelb überbacken.

Beilage: Toast oder Kartoffelpüree.

1 Portion enthält ca. 1050 kJ (= 250 kcal), 15 g Eiweiß, 15 g Fett.

Tip: Wie Chicorée kann man auch Blumenkohl und Broccoli mit Käsesoße überbacken.

Spinatauflauf

Alle Zutaten der Hackfleischmasse in beschichteter Pfanne 10 Min. dünsten. Die Nudeln in reichlich Salzwasser kernig kochen, kalt überbrausen, gut abtropfen lassen. Den Spinat verlesen, waschen, in kochendes Salzwasser geben, aufkochen lassen, abgießen und gut abtropfen lassen, mit Salz und Muskat würzen.– Tiefgekühlten Spinat nach Vorschrift auftauen und würzen. – Eine feuerfeste Form fetten.
Nudeln, Hackfleischmasse und Spinat schichtweise in die Form füllen, mit Käse und Paprika bestreuen und im Backofen bei Mittelhitze ca. 20 Min. überbacken.

☐ Hackfleischmasse mit Würfeln von großer Zwiebel kräftig anbraten.

Hackfleischmasse:
200 g Hackfleisch,
1 EL Tomatenmark,
2 EL Wasser,
1 Msp. Oregano,
1 EL gehackte Petersilie, Salz, Zwiebelpulver, Streuwürze. –
125 g breite Nudeln,
$^1/_8$ l kräftig schmeckende Käsesoße,
ca. 375 g frischen Spinat oder 1 Pck. tiefgekühlte Spinatblätter, Salz, Muskat,
1 EL geriebenen Edamer, 1 TL geriebenen Parmesan, 1 Msp. milden Paprika.

1 Portion enthält ca. 2455 kJ (= 585 kcal), 37 g Eiweiß, 22 g Fett.

Aufläufe

Spinatpudding

1 Paket tiefgekühlter Spinat (300 g), 1 altbackenes Brötchen, 1 Bund Petersilie, 75 g gekochter magerer Schinken, 2 gestr. EL Mehl, Streuwürze, Zwiebelpulver, Muskat, 2 EL Butter, 2 Eier.

Spinat erhitzen und auftauen lassen. In einem Haarsieb gut abtropfen lassen. Brötchen in Wasser einweichen, Petersilie hacken, Schinken würfeln. Butter oder Margarine zerlassen, ausgedrücktes, zerpflücktes Brötchen, Petersilie und Mehl erhitzen und zu einem Kloß abbrennen. Von der Kochstelle nehmen, Eigelb und Gewürze sowie Butter unterrühren. Den Spinat, den Schinken und zuletzt das zu Schnee geschlagene Eiweiß unterziehen. In eine gefettete, mit Semmelbröseln ausgestreute Puddingform – nur zu $3/4$ voll – füllen, mit dem Deckel schließen und den Pudding im kochenden Wasserbad (bis 3 cm unterhalb der Form) gut 1 Stunde garen, stürzen.
Beilage: Tomaten- oder Käsesoße.

1 Portion enthält ca. 1570 kJ (= 375 kcal), 17 g Eiweiß, 25 g Fett.

Tip: Sie können die Masse auch in eine Auflaufform füllen, mit Alufolie zudecken und im Backofen bei 175° festwerden lassen.

Roh gerührter Grießauflauf

3 Eier, 1 Prise Salz, Schale von $1/2$ Zitrone, 60 g Zucker, 125 g grober Grieß, reichlich 2 Tassen Milch, Fett zur Form.

Eigelb mit Zucker, Salz, Zitronenschale schaumig rühren. Grieß und sehr steifgeschlagenen Eischnee unterziehen, in eine gefettete Auflaufform füllen. Ca. 30 Min. bei Mittelhitze goldbraun backen.

Gerichte aus dem Backofen
Oben: Spinatpudding garniert mit Tomaten (Rezept s. o.).
Unten: Als Hauptgericht oder Dessert: Roh gerührter Grießauflauf (Rezept s. o.), mit Orangensoße (Rezept S. 52).

Die Milch zum Kochen bringen und vorsichtig über den heißen Auflauf gießen, einziehen lassen. Dazu schmeckt Kompott oder Fruchtsoße.

1 Portion enthält ca. 2170 kJ (= 520 kcal), 22 g Eiweiß, 10 g Fett.

Aprikosenauflauf

500 g Aprikosen (oder entspr. Menge aus der Dose), 2 EL Zucker, Schale von ¹/₂ Zitrone, Zimt, 2 EL gemahlene Nüsse, 1 EL Zwiebackbrösel, 2 EL Sahne, 2 EL Diätmargarine, 3 EL Zucker, 2 kleine Eier, Zitronenschale, 4 EL Milch, 50 g Mehl, 1 Msp. Backpulver.

Frische Aprikosen waschen, halbieren, in Wasser mit Zitrone und Zucker fast weich kochen lassen. Häute abziehen, gut abtropfen lassen. Dosenaprikosen häuten, abtropfen lassen. Eine kleine Auflaufform fetten, das Obst hineinlegen, mit Zimt, Nüssen, Bröseln und Zucker bestreuen. Die Sahne darauf verteilen. Die Schaummasse drauffüllen, glattstreichen.

Schaummasse: Butter, Eigelb und Zucker, abgeriebene Zitronenschale schaumig rühren. Milch, Mehl, Backpulver dazurühren. Den steifgeschlagenen Eischnee unterziehen.

Bei Mittelhitze im Backofen ca. 45 Min. überbacken.

1 Portion enthält ca. 2760 kJ (= 660 kcal), 15 g Eiweiß, 24 g Fett.

Tip: Probieren Sie den Auflauf mal mit Kirschen, Pfirsichen, Äpfeln oder Birnen.

Gebäck

Gebäck

Westfälischer Apfelkuchen ✳
(8 Stücke)

400 g säuerliche Äpfel, 100 g Mehl, 1 gestr. TL Backpulver, 75 g Butter oder Diätmargarine, 50 g Zucker, 1/2 Vanillinzucker, von 1/2 Zitrone abgeriebene Schale, 2 Eier, 2 EL Milch, 1 gehäufter EL geriebene Mandeln.

Äpfel schälen, entkernen und in Spalten schneiden. Butter, Zucker und Gewürze schaumig rühren, nach und nach Eier und Milch unterrühren. Mehl, Backpulver und Mandeln daruntermischen. 1 kleine Springform fetten, den Teig einfüllen. Apfelspalten darauflegen. Bei Mittelhitze ca. 40 Min. backen. Gut ausgekühlt leicht mit Puderzucker bestäubt servieren.

1 Stück enthält ca. 850 kJ (= 200 kcal), 4 g Eiweiß, 10 g Fett.

Tip: Belegen Sie zur Abwechslung den Kuchen mal mit Aprikosen. Nach dem Backen mit Aprikosenmarmelade bestreichen.

Orangenkuchen ✳
in kleiner Kastenform (8 Stück)

75 g Butter, 75 g Zucker, 2 Eier, Schale von 1/2 Orange, 100 g Mehl, 1 EL Rum, 2 EL Stärkepuder, 1/2 TL Backpulver, Saft von 1/2 Orange.

Butter, Zucker und Orangenschale schaumig rühren, nacheinander die Eier und den Rum zugeben, dann Mehl- und Stärkepuder vermischt mit Backpulver zugeben. Den Teig in eine kleine gefettete Kastenform füllen, bei Mittelhitze vorsichtig ca. 50 Min. backen. Den erkalteten Kuchen mit spitzen Holzstäbchen mehrmals einstechen und mit dem abgesiebten Orangensaft tränken. Den Saft gut einziehen lassen.

1 Stück enthält ca. 710 kJ (= 170 kcal), 2 g Eiweiß, 8 g Fett.

Kuchen, die immer gelingen:
Oben: Westfälischer Apfelkuchen (Rezept s. o.).
Unten: Orangenkuchen mit zweifarbiger Puderzuckerglasur
(Rezept s. o.)   ▶

Gebäck

Sandkuchen-Erdbeerschnitten
(8 Schnitten)

½ Packung Fertigmischung „Sandkuchen", ½ Packung Schlagfit, Orangenmarmelade, 300 g Erdbeeren, tiefgefroren oder frisch.

Aus der Backmischung nach Vorschrift den Teig bereiten. In einer Kastenform backen. Abkühlen lassen. Den Kuchen in Scheiben schneiden. Jede Scheibe auf einer Seite dünn mit Orangenmarmelade bestreichen. Schlagfit steifschlagen und auf die bestrichenen Kuchenscheiben verteilen. Erdbeeren daraufsetzen. Gleich servieren.

125 g Magerquark, 50 g Zucker, 1 EL Zitronensaft, 4 Scheiben Ananas, 2 EL Ananassaft, 2 Blatt helle Gelatine, ½ Tasse geschlagene Sahne.

Abwandlung: Als Belag Ananasquark: Ananas in kleine Würfel schneiden. Quark mit Zucker und Ananassaft und der Hälfte der Würfel und der aufgelösten Gelatine verrühren, die Schlagsahne unterziehen. Auf den Kuchenscheiben verteilen. Mit den restlichen Früchten garnieren.

1 Schnitte enthält ca. 1210 kJ (= 290 kcal), 5 g Eiweiß, 11 g Fett.

Biskuit-Roulade ✳

2 Eier, 45 g Zucker, 1 Päckchen Vanillinzucker, 1 Prise Salz, 75 g Mehl, ½ gestr. TL Backpulver, Marmelade, Puderzucker.

Eigelb mit 2 EL heißem Wasser, Zucker und Vanillinzucker cremig rühren. Eiweiß mit 1 Prise Salz zu steifem Schnee schlagen, auf die Eigelbcreme geben und Mehl mit Backpulver daraufsieben. Locker vermischen. Auf ein Backpapier (ca. ½ Größe des Backblechs) aufstreichen und bei 200° ca. 12 Min. backen. Teigplatte noch heiß einmal zusammenrollen (damit sie später nicht bricht), wieder zurückrollen, füllen und erneut zur Roulade formen, mit Puderzucker bestäuben.

Zum Füllen: Marmelade, Vanilleflammerie oder Quarksahne mit Früchten.

Hefezopf (8 Stücke)

Trockenhefe nach Vorschrift anrühren. Das Mehl in eine Schüssel geben, in der Mitte eine Vertiefung formen. Hefe hineinbröckeln, mit etwas Mehl und der Milch zu einem Teig verrühren. Ein Küchentuch darüberlegen und das Hefestück gehen lassen. Fett, Zucker und Ei zugeben und alles zu einem glatten Teig verkneten, nochmals gehen lassen. Aus dem Teig 3 gleichgroße Rollen formen und einen Zopf flechten, auf gefettetes Backblech setzen und mit Kondensmilch bestreichen. Im vorgeheizten Ofen bei 175° ca. ¹/₂ Stunde backen.

250 g Mehl
¹/₂ Würfel Hefe oder
¹/₂ Päckchen
Trockenhefe,
¹/₈ l Milch, 1 EL Butter,
1 EL Zucker, 1 Ei,
1 EL Kondensmilch.

Abwandlung: Kleingebäck formen; mit wenig süßem Quark oder Marmelade füllen.
Oder in Kastenform backen.

1 Stück enthält ca. 630 kJ (= 150 kcal),
5 g Eiweiß, 2 g Fett.

Quarkfülle:
125 g Quark, 1 Ei,
1 Päckchen Vanillinzucker, 1 EL Zucker,
Saft und abgeriebene
Schale von ¹/₄ Zitrone,
1 TL Stärkepuder.

Schinkenhörnchen aus Quarkölteig (6 Stück)

Quark, Öl, Ei, Salz und die Hälfte des Mehls zu einem glatten Teig rühren, restliches Mehl vermischt mit Backpulver unterkneten. Den Teig auf bemehlter Platte ausrollen, zu spitzen Dreiecken schneiden.
Den Schinken fein würfeln. Schmelzkäse mit Milch bei milder Hitze flüssig werden lassen, mit Zwiebelpulver und Zitronensaft würzen. Schinkenwürfel und Petersilie unterrühren, abkühlen lassen. Auf jedes Teigfleckchen etwas Schinkenmasse setzen und die Drei-

75 g Speisequark,
3 EL Öl, ¹/₂ Ei,
1 Msp. Salz,
150 g Mehl,
knapp ¹/₂ Päckchen
Backpulver.
Fülle:
1 EL Milch,
1 Ecke Schmelzkäse,
Zwiebelpulver,
Zitronensaft,
1 TL gehackte Petersilie, 100 g entfetteter
gekochter Schinken,
¹/₂ Ei zum Bestreichen.

ecke zur Spitze hin zu Hörnchen aufrollen. Mit Ei bestreichen, auf gefettetes Blech setzen und bei Mittelhitze goldbraun ca. 20 Min. backen.

1 Hörnchen enthält ca. 925 kJ (= 220 kcal), 10 g Eiweiß, 10 g Fett.

Abwandlung: Süße Hörnchen: 2 EL Zucker und etwas abgeriebene Zitronenschale und 1 kleine Prise Salz in den Teig rühren. – Mit Aprikosenmarmelade füllen, oder auch mit süßem Quark.

Tip: Kleine Hörnchen sind ein beliebtes Partygebäck. Die einfachste Füllung ist je ein Würfel Edamerkäse.

Kaltschalen

Kaltschalen

Bierkaltschale

¹/₄ l dunkles Bier,
¹/₄ l Milch, Zucker,
1 Stück Zimtstange,
1 Scheibe Zitrone,
1 Nelke,
2 TL Stärkepuder,
2 EL süße Sahne.

Bier, Milch und Gewürze aufkochen, mit angerührtem Stärkepuder binden. Vom Herd nehmen, Sahne unterrühren, süßen. Gewürze herausnehmen. Kalt servieren.

1 Portion enthält ca. 945 kJ (= 359 kcal), 5 g Eiweiß, 9 g Fett.

Obstsuppe

250 g Obst (z. B. Äpfel, Birnen), 2 TL Stärkepuder, 1 Stück Vanillestange, 2–3 EL Zucker, 1 TL Zitronensaft.

Das Obst waschen und zerkleinern, in ¹/₂ Liter Wasser mit Vanillestange weich kochen. Mit Stärke binden, abschmecken, kalt stellen. Mit Zwieback oder Biskuits servieren.

1 Portion enthält ca. 730 kJ (= 175 kcal), – g Eiweiß, – g Fett.

Tip: Fruchtsuppe kann man auch warm essen.

Schokoladenkaltschale

¹/₂ l Milch, 2 sehr reife Bananen, 2 EL Kaba, 2 EL Zucker, ¹/₂ Päckchen Vanillinzucker, 1 Msp. Zimt, 2–3 EL Himbeersirup.

Bananen pürieren, mit Milch und den anderen Zutaten verquirlen. Zum Essen Cornflakes darüberstreuen.

1 Portion enthält ca. 1375 kJ (= 330 kcal), 12 g Eiweiß, 2 g Fett.

Tip: Kaltschalen sind erfrischende, sommerliche Zwischenmahlzeiten.

✶ Melonenkaltschale

Melone schälen, Kerne entfernen, in grobe Stücke schneiden, im Mixer oder mit dem Schneidestab pürieren – ein paar Würfel Fruchtfleisch zur Garnitur zurückbehalten. Flüssigkeit, mit Zucker und Stärke vermischt, aufkochen lassen. Vom Herd nehmen, das Melonenpüree unterrühren, abschmecken, Fruchtwürfel dazu geben.

¹/₂ kleine Melone, 3 EL Zucker, ¹/₂ l Flüssigkeit (zu gleichen Teilen Wasser, Apfelsaft und Weißwein), 2–3 TL Stärkepuder.

1 Portion enthält ca. 780 kJ (= 185 kcal), 1 g Eiweiß, – g Fett.

Kaltschale mit Himbeeren

Birnen schälen, längs halbieren, Kernhaus ausstechen. Fruchtfleisch grob würfeln. Himbeeren (ein paar zum Garnieren zurücklassen) und Birnen mit Zucker in einen Topf geben. Vanillinzucker, Salz, Zitronenschale und Wasser zugeben, 15 Min. kochen lassen. Masse durch ein Haarsieb in eine Glasschüssel streichen. Buttermilch aufgießen, umrühren. Kaltschale abschmecken. Kurz vor dem Servieren Zwiebäcke darüberbröseln und unterrühren. Mit restlichen Himbeeren garnieren.

2 Birnen, ¹/₂ Paket tiefgekühlte, ungezuckerte Himbeeren, 75 g Zucker, ¹/₂ Päckchen Vanillinzucker, 1 Prise Salz, abgeriebene Schale einer Zitrone, ¹/₈ l Wasser, ¹/₂ l Buttermilch, 4 Zwiebäcke.

1 Portion enthält ca. 1580 kJ (= 375 kcal), 13 g Eiweiß, 3 g Fett.

Tip: Frieren Sie nur das Fruchtpüree ein. Das läßt sich auch zu anderen Gerichten verwenden.

Kaltschale mit Aprikosen und Schneeklößchen

250 g Aprikosen,
$^1/_2$ l Wasser,
3 EL Zucker,
1 Prise Salz,
2 TL Stärkepuder,
1 Eiweiß,
1 TL Zucker.

Aprikosen waschen, halbieren, entkernen und vierteln. Wasser mit Zucker und Salz in einem Topf aufkochen. Aprikosenstücke und Kerne darin 10 Min. kochen lassen. Stärkepuder mit etwas kaltem Wasser verrühren. Suppe binden.
Eiweiß steifschlagen, Zucker unterrühren. Mit einem Teelöffel kleine Häufchen auf die heiße Suppe setzen. Topf zudecken, Eischnee fest werden lassen. Nicht kochen. Kalt servieren.

1 Portion enthält ca. 745 kJ (= 180 kcal),
3 g Eiweiß, – g Fett.

Kefir-Kaltschale

1 gr. Becher Kefir,
2 EL Zucker,
250 g frische Beeren,
1 EL Zucker,
Zitronensaft,
1 Schb. trockenen Pumpernickel

Beeren putzen, zuckern, $^1/_2$ Std. zugedeckt ziehen lassen. In eine Schale füllen.
Kefir mit Zucker verquirlen, über die Beeren gießen. Pumpernickel reiben, die Brösel über die Kaltschale streuen.

1 Portion enthält ca. 980 kJ (= 235 kcal),
10 g Eiweiß, 6 g Fett.

Kirschenkaltschale mit Schneeklößchen. Sie wird aus entsteinten Kirschen nach dem Rezept der Kaltschale mit Aprikosen zubereitet (Rezept s. o.).

▶

Nachspeisen

Fruchtsalate

Sie schmecken immer.
Frische, tiefgekühlte oder Dosenfrüchte können Sie dazu nehmen. Und so mischen, wie's Ihnen schmeckt.

Probieren Sie mal:
Apfel – Orange – Banane
Erdbeeren – Bananen
Melone – Apfel – Mandarine
Apfelsine – Avocado – Grapefruit
Erdbeeren – Ananas

Marinieren Sie die geschnittenen Früchte mit Zitronensaft und wenig Zucker. Garnieren Sie mit Schlagschaum-Dessert.

● **Oder:** Früchte zuckern, mit verquirltem Joghurt übergießen.

● **Oder:** Mit Zitronensaft und wenig Zucker vermischen, durchziehen lassen. Geschmolzene Eiscreme dazu reichen.

Hübsch für's Anrichten sind Glasschalen, halbhohe Gläser, Orangenkörbchen, Biskuittörtchen.

Erdbeerschnee (2–3 Portionen)

Ein paar schöne Früchte zur Garnitur zurücklassen. Die restlichen Beeren fein pürieren. Das Eiweiß mit dem Handrührgerät zu sehr steifem Schnee schlagen. Während des Schlagens Zucker und Zitronensaft zugeben, dann nach und nach das Fruchtpüree unterschlagen. Garnieren.

½ Packung tiefgefrorene gezuckerte Erdbeeren, 2 Eiweiß von kleinen Eiern, 2 EL Zucker, 2 TL Zitronensaft.

1 Portion enthält ca. 390 kJ (= 95 kcal),
2 g Eiweiß, – g Fett.

Tip: Sehr reife frische Früchte wählen wie: Himbeeren, Preiselbeeren, Aprikosen, Pfirsiche.

Nachspeisen

Aprikosen „Condé"

2 Tassen Milch,
1 Prise Salz, 1 Stück
Zitronenschale,
1 kleines Stück
Vanilleschote,
knapp ¹/₂ Tasse
Rundkornreis,
250–375 g Aprikosen,
2–3 EL Zucker.

Milch mit den Gewürzen zum Kochen bringen. Reis hineinschütten und 35 Min. ausquellen lassen. Gewaschene Aprikosen halbieren, entsteinen. ¹/₂ Tasse Wasser mit der Hälfte des Zuckers erhitzen. Aprikosen 10 Min. darin dünsten. Den übrigen Zucker unter den Reis rühren. Eine Form mit kaltem Wasser ausspülen, Reis fest hineindrücken, stürzen, mit Aprikosen umlegen.

☐ Aprikosen mit Weinbrand würzen.

1 Portion enthält ca. 1045 kJ (= 250 kcal),
8 g Eiweiß, – g Fett.

Äpfel auf Käsecreme

2 geschälte Äpfel,
1 Tasse Apfelsaft
oder Wasser, Zucker,
1 Stück Zimtstange
und Zitronenschale,
2 TL Zitronensaft,
1 Stück Doppelrahm-
Frischkäse,
1 EL saure Sahne,
1 EL Milch,
1 EL Apfelsud,
¹/₂ Packung Vanillin-
zucker, 4 TL Kirsch-
gelee, einige
Mandelblättchen.

Von den Äpfeln das Kernhaus ausstechen. Apfelsaft und Gewürze zum Kochen bringen. Äpfel hineinlegen, fast weich kochen. Den Käse mit Sahne, Milch, Apfelsud und Vanillinzucker cremig rühren, in Glasschalen füllen. Äpfel daraufsetzen. Mit Gelee und Mandelblättchen garnieren.

☐ Probieren Sie die Käsecreme mit Bratäpfeln.

M: Vorsicht mit Mandelblättchen.

1 Portion enthält ca. 860 kJ (= 205 kcal),
3 g Eiweiß, 5 g Fett.

Hübsch angerichtete Desserts:
Oben: Aprikosen „Condé" (Rezept s. o.).
Unten: Apfel auf Käsecreme (Rezept s. o.).

▶

Nachspeisen

Apfelcreme

250 g Äpfel,
1 Stück Zitronen-
schale,
1 TL Zitronensaft,
1 TL Butter, $^1/_8$ l Milch,
$^1/_4$ Päckchen
Vanillepuddingpulver,
1 Ei getrennt,
75 g Zucker.

Äpfel schälen, entkernen, in Scheiben schneiden, mit Zitronenschale und -saft, Butter und 3 EL Wasser weichdünsten. Mit dem Rührgerät musig rühren. Vanillepudding kochen, Eigelb darunterrühren, Apfelbrei zugeben, nochmals aufkochen lassen. Den Zucker zugeben und den steifgeschlagenen Eischnee unterheben. Speise in Schälchen füllen und kalt stellen.

1 Portion enthält ca. 1330 kJ (= 320 kcal), 5 g Eiweiß, 5 g Fett.

Rote Apfelspeise mit Vanillesoße

$^1/_8$ l Apfelsaft,
1 EL Zitronensaft,
Zucker, 1 Msp. Zimt,
2 Blatt rote Gelatine,
2 Äpfel, geschält,
$^1/_8$ l Vanillesoße.

Apfelsaft mit Zitronensaft, Zucker und Zimt abschmecken. Gelatine einweichen, ausdrücken, mit 2 Eßlöffel Saft erwärmen, auflösen und untermischen. Kalt stellen. Wenn die Masse beginnt fest zu werden, die Äpfel, grob geraspelt, unterrühren. In Glasschalen füllen, fest werden lassen. Mit Vanillesoße servieren.

1 Portion enthält ca. 700 kJ (= 165 kcal), 4 g Eiweiß, – g Fett.

Ananasgelee

$^1/_2$ Dose Ananas-
stücke,
$^1/_8$ l Ananassaft,
$^1/_8$ l Weißwein mit
Apfelsaft vermischt,
Zucker,
$^1/_2$ Beutel weiße
Gelatine gemahlen,
evtl. Schlagfit zum
Garnieren.

Ananas abtropfen lassen. Saft mit Wein und Apfelsaft mischen. Gelatine mit 2 EL Ananassaft auflösen und lauwarm unter die Fruchtsaftmischung rühren. Kaltstellen. Wenn der Saft zu Gelieren beginnt, mit den Ananasstücken mischen und in Glasschalen füllen. Fest

werden lassen. Mit Schlagschaum ge-
spritzt servieren. Biskuits dazu reichen.

1 Portion enthält ca. 540 kJ (= 130 kcal),
– g Eiweiß, – g Fett.

Heidelbeeren Siam

Milch mit Salz und Ingwer zum Kochen
bringen. Den Reis zuschütten und zugedeckt bei schwacher Hitze 35 Min.
ausquellen lassen. Zucker und Orangensaft unterrühren. Frische Heidelbeeren verlesen, zuckern und dann 15
Min. durchziehen lassen. Tiefgekühlte
Früchte auftauen. Kurz vor dem Servieren Reis und Heidelbeeren schichtweise in Gläser füllen. Mit Spirale aus
Orangenschale garnieren.

1 1/2 Tassen Milch,
1 Prise Salz,
1 Msp. gemahlenen
Ingwer, 1/2 Tasse
Rundkornreis,
1 EL Zucker,
Saft und Schale von
1/2 Orange,
125 g frische oder
tiefgefrorene
Heidelbeeren,
(evtl. 1 EL Zucker).

1 Portion enthält ca. 895 kJ (= 215 kcal),
3 g Eiweiß, – g Fett.

Schnee-Eier mit Schokoladensoße

Eiweiß mit Salz zu sehr steifem Schnee
schlagen. Zucker und Vanillinzucker
darunterrühren. Die Milch bis kurz vor
den Siedepunkt erhitzen. Mit 1 EL
Schneeklöße abstechen, in die Milch
geben. Ca. 5 Min. zugedeckt ziehen
lassen. Klößchen mit einer Siebkelle
aus der Milch nehmen. Schokoladensoße zubereiten. Mit den Schneeklößchen warm oder kalt servieren.

2 Eiweiß, 1 Prise Salz,
1 EL Zucker (gestr.),
1/2 Päckchen Vanillin-
zucker, 1/4 l Milch,
1/2 Päckchen Vanille-
soßenpulver,
2 TL Kakao.

1 Portion enthält ca. 955 kJ (= 230 kcal),
12 g Eiweiß, 4 g Fett.

Tip: Statt Schokoladensoße geschmolzene Eiscreme servieren oder Schneeklöße mit Fruchtpüree reichen.

Nachspeisen

Teecreme

2 TL schwarzer Tee,
Blätter,
1 Tasse Wasser,
50 g Zucker,
abgeriebene Schale
von ½ Orange,
1 EL Stärkepuder,
1 Ei getrennt,
4 EL Orangensaft,
2 EL Schlagfit oder
geschlagene Sahne.

Den Tee aufbrühen, 3 Min. ziehen lassen, abgießen. Nochmals mit Zucker und Orangenschale zum Kochen bringen. Eigelb und Stärke mit dem Orangensaft anrühren, dazugießen, aufkochen lassen. Eiklar zu steifem Schnee schlagen. Den heißen Brei unter den Eischnee ziehen.
Unter die erkaltete Masse das geschlagene Schlagfit oder Schlagsahne mischen, in Schalen füllen. Mit Orangenspalten garnieren.

*1 Portion enthält ca. 830 kJ (= 200 kcal),
4 g Eiweiß, 4 g Fett.*

Zwiebackspeise (warm)

10 Stück Zwieback,
2 EL Johannisbeergelee,
250 g Kirschkompott,
2 kleine Eier,
1 EL Zucker,
Zitronenschale, Zimt,
ca. ¼ l Milch,
Fett zur Form.

Eine feuerfeste Form ausfetten, den Boden dicht mit Zwiebackstücken auslegen, mit Gelee bestreichen. Die entsteinten Kirschen abtropfen lassen, zusammen mit dem restlichen, grob gebrochenen Zwieback in die Form füllen. Eier mit Milch, Zucker und Gewürzen verquirlen, abschmecken und darüber gießen. Bei 175° im vorgeheizten Backofen ca. 20 Min. backen. Heiß servieren. Gut schmeckt Vanillesoße dazu.

*1 Portion enthält ca. 1740 kJ (= 415 kcal),
17 g Eiweiß, 8 g Fett.*

Tip: Wenn Sie Kalorien sparen müssen, süßen Sie mit Süßstoff.

Allerlei
aus Quark

Allerlei aus Quark

Kaum ein Lebensmittel ist so vielseitig verwendbar, wie Quark.
Magerquark hat von allen Sorten das meiste Eiweiß und am wenigsten Fett. Er ist also kalorienarm.
Wir haben alle Speisen mit Magerquark zubereitet. Zu kaufen bekommen Sie Quark außerdem mit 10, 20 und 40 % Fett.

Quark-Aufstriche

Die Zutaten sind für 125 g Quark angegeben.

125 g Quark Magerstufe enthält 460 kJ (= 110 kcal), 22 g Eiweiß, 1 g Fett.

Grundmasse:

125 g Quark mit Milch, saurer Sahne oder Buttermilch nach Belieben geschmeidig rühren, mit den Geschmackszutaten mischen und würzen:

Kräuterquark: Mit 2 EL feingehackten Kräutern, z. B. Dill, Kerbel, Petersilie.
Zum Abschmecken: Salz, gemahlenem Kümmel und Zwiebelgewürz.

Tomatenquark: Mit Würfeln von 3–4 gehäuteten Tomaten.
Zum Abschmecken: 1 TL Dill, Salz, (Zwiebelgewürz, milden Paprika).

Radieschenquark: Mit 1 Bund Radieschen, in feine Scheiben geschnitten, 1 EL Petersilie.
Zum Abschmecken: Salz, Zwiebelgewürz.

Schinkenquark: Mit 1 großen Scheibe würfelig geschnittenem gekochtem Schinken, 1 EL gehackter Petersilie.
Zum Abschmecken: Salz.

Leberwurstquark: Mit 100 g Kalbsleberwurst, 1 kleine sehr fein geriebene Gewürzgurke.
Zum Abschmecken: Salz, Streuwürze.

Beeren-Quark

Quark mit Milch glattrühren und mit den grob zerkleinerten Früchten und Zitronensaft mischen, je nach Geschmack süßen.

1 Portion enthält ca. 520 kJ (= 124 kcal), 15 g Eiweiß, – g Fett.

150 g Quark,
4 EL Milch,
150 g Erdbeeren oder Himbeeren (frische oder tiefgefrorene),
Zucker,
etwas Zitronensaft.

Quarkflammeri

Quark mit Zitronen- und Orangensaft und Schale, 1 TL Zucker glattrühren. Vanillepudding kochen. Das Eiweiß zu steifem Schnee schlagen, unter den heißen Pudding ziehen, dann den Quark unterrühren. In Schälchen erkalten lassen.

1 Portion enthält ca. 620 kJ (= 150 kcal), 11 g Eiweiß, – g Fett.

2 EL Quark,
von $^1/_4$ Zitrone Saft,
von $^1/_2$ Apfelsine Saft und wenig Schale,
$^1/_4$ l Milch,
knapp $^1/_2$ Päckchen Puddingpulver,
Zucker, 1 Eiweiß (von 1 kleinen Ei).

Erdbeerquark-Torte (12 Stücke)

Biskuitboden auf eine Tortenplatte setzen. Gelatine nach Vorschrift einweichen und auflösen. Quark mit den Geschmackszutaten vermischen, die Sahne steifschlagen und unter die Quarkmasse ziehen. 3 EL zum Verzieren zurückbehalten. Die aufgelöste Gelatine darunterrühren. Die Quarkmasse auf den Tortenboden streichen, 1 Stunde kalt stellen, dann die Erdbeeren daraufleben. Mit Sahne garnieren.
L/G: Die Quarkmasse evtl. mit Schlagschaum statt Sahne zubereiten.

1 Portion enthält ca. 825 kJ (= 195 kcal), 7 g Eiweiß, 7 g Fett.

1 Biskuit-Tortenboden, 4 Blatt weiße Gelatine, 375 g Quark,
$^1/_8$ l Schlagsahne,
2 Päckchen Vanillinzucker, Saft und abgeriebene Schale von 1 Orange,
750 g Erdbeeren, frisch (600 g tiefgekühlt, ungezuckert).

Allerlei aus Quark

Apfelquark

150 g Quark,
4 EL Milch, 1 großer
Apfel, etwas Zitronen-
saft, Zimt, Zucker.

Quark und Milch glattrühren. Apfel schälen, grob reiben, mit dem Quark vermischen, Speise abschmecken.

1 Portion enthält ca. 560 kJ (= 135 kcal),
14 g Eiweiß, – g Fett.

Schokoquark

125 g Quark, Mager-
stufe, Saft von
$^{1}/_{2}$ Apfelsine und abgeriebene Schale,
$^{1}/_{2}$ Tasse Milch (50 g),
1 EL Zucker,
2 EL Nesquik,
Schokostreusel.

Alle Zutaten miteinander verrühren. In Glasschälchen füllen, mit Schokostreuseln garniert servieren.

1 Portion enthält ca. 730 kJ (= 175 kcal),
13 g Eiweiß, 2 g Fett.

Quarknockerln mit Sauerkirschen

250 g Quark,
$^{1}/_{2}$ Päckchen Vanillinzucker, 1 Prise Salz,
1 kleines Ei,
4 EL gemahlene Man-
deln, 50 g Mehl,
2 EL Stärkepuder,
$^{1}/_{2}$ TL Backpulver,
Zucker zum
Bestreuen, $^{1}/_{2}$ Glas
Sauerkirschen,
2 TL Stärkepuder.

Quark, Vanillinzucker, Salz, Ei glattrühren. Mehl, Stärkepuder, Backpulver und Mandeln vermischen und unter den Quark rühren. Im flachen Topf Wasser zum Kochen bringen, leicht salzen. Aus dem Teig mit zwei nassen Eßlöffeln Nockerln abstechen, ins kochende Wasser legen, aufkochen lassen, ca. 15 Min. ziehen lassen. Aus dem Wasser nehmen, abtropfen lassen, mit etwas Zucker bestreuen.
Kirschsaft abgießen, zum Kochen bringen, mit Stärkepuder binden. Früchte wieder hineingeben. Kompott lauwarm zu den Quarknockerln servieren.

1 Portion enthält ca. 2175 kJ (= 520 kcal),
29 g Eiweiß, 15 g Fett.

Allerlei aus Quark
Süß: 1 = Erdbeerquarktorte (Rezept S. 123), 2 = Quarknockerln
mit Sauerkirschen (Rezept s. o.), 3 = Schokoquark (Rezept s. o).
Salzig: 4 = Tomaten-Leberwurst-Quark, 5 = Tomaten gefüllt
mit Kräuterquark (Rezepte S. 122).

▶

Getränke

Gemixtes mit Milch – Quark – Joghurt
Rezept für 1 Portion 1 Glas = 100–150 g

Fruchtmilch und Fruchtjoghurt (Foto S. 129, Nr. 5)
Pürierte Früchte, z. B. Erdbeeren, Himbeeren, Heidelbeeren, Banane oder Fruchtsäfte mit Milch oder Joghurt mischen. Mit wenig Zucker süßen. Evtl. 1 TL sehr feine Haferflocken unterrühren. Das Getränk bekommt dann besser.

Birnenmilch
$^1/_2$ Birne, geschält, 1 TL gemahlene Mandeln, 1 TL Honig, 1 EL Schoko-eiscreme, 1 Glas lauwarme Milch.

Alle Zutaten mit dem Elektroquirl verrühren oder im Mixer mischen. Im Becherglas servieren.

1 Portion enthält ca. 1009 kJ (= 259 kcal), 6 g Eiweiß, 5 g Fett.

Schoko-Mandelmix (Foto S. 129, Nr. 2)
1 gehäufter TL gemahlene Mandeln, 1 TL Vanillinzucker, 1 TL Nesquik, 1 Glas Milch.

Die Zutaten verquirlen. Im Becherglas servieren.

1 Portion enthält ca. 1100 kJ (= 280 kcal), 5 g Eiweiß, 7 g Fett.

Kräutermilch (Foto S. 129, Nr. 1)
1 EL gehackte Kräuter, 1 EL Zitronensaft, 1 Glas Milch.

Kräuter hacken, alle Zutaten verquirlen.

1 Portion enthält ca. 260 kJ (= 60 kcal), 5 g Eiweiß, 5 g Fett.

Traubenflip (Foto S. 129, Nr. 3)
$^1/_8$ l kalte Milch, $^1/_8$ l roter Traubensaft, 1 Eigelb, 1 TL Zucker.

Alle Zutaten mit dem Rührstab verquirlen.

1 Portion enthält ca. 920 kJ (= 220 kcal), 8 g Eiweiß, 6 g Fett.

Getränke

Aprikosen-Quark-Milch

2 reife gehäutete, entsteinte Aprikosen, 1 EL Quark, 1 TL Zucker, 1 Glas Milch.

Alle Zutaten mit dem Elektroquirl verrühren, im weiten Glas mit Trinkhalm servieren.

1 Portion enthält ca. 580 kJ (= 140 kcal), 7 g Eiweiß, 1 g Fett.

Tip: Getränke nicht eiskalt servieren. Trinkhalm dazu reichen, auch Kekse.

Salute (2 Portionen)

$^1/_8$ l Buttermilch, $^1/_8$ l schwarzer Johannisbeersaft, $^1/_2$ Banane, 2 TL Weizenkeime.

Alle Zutaten mit dem Rührstab verquirlen. Im Becherglas mit Trinkhalm servieren.

1 Portion enthält ca. 380 kJ (= 90 kcal), 4 g Eiweiß, 1 g Fett.

Joghurt-Sorbet

1 Becher Joghurt, $^1/_8$ l Apfelsaft, 2 TL Honig, 1 TL Zitronensaft.

Alle Zutaten mit dem Rührstab verquirlen, im Becherglas mit Strohhalm servieren.

1 Portion enthält ca. 900 kJ (= 215 kcal), 9 g Eiweiß, 7 g Fett.

Silver Pineapple (2 Portionen)

1 Scheibe Ananas, $^1/_4$ Glas Ananassaft, $^1/_2$ Glas Apfelsaft, 1 Eiweiß von kleinem Ei, etwas Zitronensaft.

Im Mixer bei höchster Stufe mischen. Schaum auf dem Getränk mit Zimt bestreut mitservieren.

1 Portion enthält ca. 650 kJ (= 170 kcal), 5 g Eiweiß, – g Fett.

Mandarinen-Ingwer-Drink (Foto Nr. 4)

$^1/_8$ l Mandarinensaft, 1 TL Zucker, 2 cl Ingwersirup, 1 Mandarinenscheibe.

Alle Zutaten – bis auf die Mandarinenscheibe – verquirlen. Im Becherglas mit Mandarinenscheiben servieren.

1 Portion enthält ca. 545 kJ (= 130 kcal), – g Eiweiß, – g Fett.

Kleine
Mahlzeiten

Schaumomelette

Eiweiß mit Zitronensaft zu sehr steifem Schnee schlagen. Eigelb mit Milch und Salz verquirlen, vorsichtig, rasch unter den Eischnee ziehen, Mehl darüberstäuben, unterheben.

Eine beschichtete Pfanne erhitzen, Schaummasse einfüllen, festwerden lassen, nicht wenden. Das Omelett soll unten nur hell gebräunt und oben trocken sein.

Zum Servieren klappt man es zur Hälfte zusammen und füllt es mit Gemüse, Leber, Pilzen.

Abwandlung: Schaumomelette als Süßspeise mit Quark oder Früchten gefüllt. Statt Salz 1 TL Zucker zur Schaummasse geben.

1 Portion enthält ca. 880 kJ (= 210 kcal), 16 g Eiweiß, 12 g Fett.

Je Person
2 Eier getrennt,
einige Tropfen
Zitronensaft,
1 gestr. EL Mehl,
1 EL Milch, Salz.

Kräutereier

Eier hartkochen, abschrecken, schälen, längs halbieren. Das Eigelb mit Joghurt und Senf geschmeidig rühren, Kerbel und Tomatenwürfel untermischen. Abschmecken. Die Masse in die Eihälften füllen. Mit Radieschen garnieren. Auf Kopfsalat anrichten.

1 Portion enthält ca. 760 kJ (= 185 kcal), 15 g Eiweiß, 12 g Fett.

4 Eier, 1 EL Joghurt,
1 TL Senf,
1 Prise Zucker,
Streuwürze, 1 Bund
gehackten Kerbel,
2 Tomaten in kleinen
Würfeln, Kopfsalat-
blätter und Radies-
chen zur Garnitur.

Kleine Mahlzeiten

Bunte Brote

Brotscheiben mit Butter oder Diätmargarine oder etwas Remoulade bestreichen. Belegen und garnieren.

Gutsherr: Vollkornbrot mit
(1) Leberwurstquark,
Radieschen, Petersilie.

Florida: Weißbrotecken mit
(2) Kalbsbraten,
Pfirsichhälfte mit
Johannisbeergelee.

Jonathan: Grahambrot mit
(3) Apfelscheiben,
Edamerkäse.

Argentinien: Mischbrot und
(4) Salatblatt,
Cornedbeef,
gek. Ei, Ketchup.

Frischfit: Brötchenhälfte mit
körnigem Frischkäse,
Lachsschinken,
Mandarinen.

Helene: Toast mit Selleriefrischkost,
Kaltes Hühnerfleisch.

Überbackene Toasts

Brot leicht vortoasten, mit Butter oder Diätmargarine oder Remoulade dünn bestreichen. Belegen. Kurz überbacken. Warm servieren. Dazu passen Salate.

Neptun: Ausgehöhlte Brötchenhälften, gefüllt mit diät.
(5) Rührei mit grob gewiegten Krabben, abgeschmeckt mit Dill; nach Belieben Scheiben von Schmelzkäse darüberlegen.

Mit einiger „Fantasie" sind die appetitanregenden Schnittchen warm und kalt rasch zubereitet. Auch Butter läßt sich portioniert hübsch in Kugeln, Späne, Stäbchen . . . anrichten. ▶

Kleine Mahlzeiten

Champignon: Blättrige Champignons mit heller Instant-Soße dick binden, abschmecken mit 1 TL Kondensmilch, Worcestersoße, Petersilie, Gitter von Danbo-Käse.

Williame: (6) Magerer roher Schinken in Würfel, 1/2 Kompottbirne (Dose), Edamer Käse.

Max: (7) Mischbrot, Leberkäsescheiben, von beiden Seiten gegrillt, verlorenes Ei oder diät. Spiegelei, Edamer Käsestreifen, Ketchup.

Hawaii: Scheiben von gekochtem Schinken, Ananasscheibe, Goudakäse.

Julia: (8) Aufschnitt Kalbszunge, Spargelspitzen, darauf Tomatenwürfel, mit Salz und etwas Dill gewürzt, 2 Scheiben Scheibletten. Überbacken.

Tip: Probieren Sie die Toasts mal mit Mischbrot oder feinem Vollkornbrot. Sie schmecken herzhafter.

Schinken-Apfelrollen

50 g Sahnequark, 1/2 Becher Trinkmilchjoghurt, Streuwürze, 1 Prise Zucker, Saft von 1 Zitrone, 2 säuerliche Äpfel, 4 Scheiben entfetteten gekochten Schinken.

Quark mit Joghurt glattrühren, abschmecken. Die geschälten Äpfel achteln, quer in sehr dünne Scheiben schneiden, mit dem Quarkjoghurt vermischen und auf dem Schinken verteilen. Die Scheiben aufrollen.
Beilage: Toast, Kopfsalat.

1 Portion enthält ca. 990 kJ (= 235 kcal), 11 g Eiweiß, 11 g Fett.

Tip: Statt Schinken, Scheiben von kaltem Kalbsbraten zu Tüten formen und füllen.

Gefüllte Tomaten

Die Tomaten waschen, Deckel abschneiden, aushöhlen. Inneres mit Zitronensaft und Salz würzen. Fleisch, Ananas und geschälter Apfel in kleine Würfel, Champignons in Blättchen schneiden und mit der Marinade mischen. Durchziehen lassen und in die Tomaten füllen. Den Käse mit Milch, Ananassaft geschmeidig rühren, abschmecken. In Spritzbeutel mit gezackter Tülle füllen, die Tomaten dicht mit Tupfern garnieren. Auf Kopfsalat anrichten.

1 Portion enthält ca. 960 kJ (= 230 kcal),
20 g Eiweiß, 7 g Fett.

4 mittelgroße Tomaten, Salz, Zitronensaft, ca. 150 g gegartes Geflügelfleisch oder Schinken, 1 kleine Dose Champignons, 2 Scheiben Ananas (Dose), 1 Apfel, Marinade aus: 1 EL Zitronensaft, Streuwürze, 1 Prise Zucker, Salz, Petersilie, 1 Stück Doppelrahmfrischkäse, Salz, 1 EL Milch, 1 EL Ananassaft.

Verlorene Eier

Wasser mit Essig zum Kochen bringen. Die kühlschrankkalten Eier vorsichtig nacheinander in 1 Tasse schlagen – das Eigelb soll ganz bleiben – und in das leise kochende Wasser gleiten lassen, 4 Min. ziehen lassen. Die Eier mit einem Schaumlöffel herausnehmen. In Soße servieren.
Geeignete Soßen: Tomatensoße, Kräutersoße.

2 Eier enthalten ca. 740 kJ (= 180 kcal),
14 g Eiweiß, 12 g Fett.

1 l Wasser, 2 EL Essig, 4 Eier.

Diätetisch zubereitetes Rühr- und Spiegelei

Eine beschichtete Pfanne mit Öl auspinseln, die Eier bei milder Hitze darin festwerden lassen. Ohne Speck zubereiten, nicht bräunen.

Gemüsesülze mit Kasseler

150 g ($^1/_2$ Packung) tiefgekühltes Sommergemüse, 125 g gekochtes Kasseler in Scheiben, 1 hartgekochtes Ei in Scheiben, ca. $^1/_4$ l Brühe, Essig, Salz, Zucker, 4 Blatt helle Gelatine.

Das Gemüse mit $^1/_2$ Tasse Salzwasser fast gar kochen. Im Sieb abtropfen und erkalten lassen. Die Flüssigkeit auf $^1/_4$ Liter Brühe auffüllen, kräftig mit Salz, Essig, Zucker abschmecken. Gelatine nach Vorschrift darin auflösen. Eine Form ca. 1 cm hoch mit der Flüssigkeit ausgießen, festwerden lassen. Im hübschen Muster Gemüse und Ei darauflegen. Mit Aspikmasse bedecken, erstarren lassen. Kasselerscheiben und restliches Gemüse einschichten, mit Aspikmasse begießen. Sülze festwerden lassen. Vor dem Servieren Form kurz in heißes Wasser tauchen, damit sich die Sülze leicht löst, und auf eine Platte stürzen.
Mit Toast servieren.

1 Portion enthält ca. 750 kJ (= 180 kcal), 20 g Eiweiß, 9 g Fett.

Tip: Zwischenzeitlich erstarrte Aspikmasse kurz anwärmen, dann wird sie wieder flüssig.

Nützliche Geräte und Kleinigkeiten in der Küche

Alufolie, Bratfolie

Klarsichtfolie zum Abdecken

Küchenkrepp

Küchenschere

Feuerfestes Geschirr für 1–2 Portionen mit Deckel, in denen die Speisen gleich serviert werden können

Römertopf

Beschichtete Pfanne mit Deckel, Casserolle

Handrührgerät mit Quirl und Zusatz zum Reiben von Gemüse und Obst

Feststehende Schüssel

Grill: Kleingrill als Tischgerät. Vieles, was im Backofen zubereitet wird, kann man in kleinen Mengen im Grill garen

Kühlschrank mit ✳ ✳ ✳ zum Lagern von Tiefkühlkost und kurzfristigem Eingefrieren

Luftdicht verschließbare Kunststoffdosen zum Aufbewahren von Resten im Kühlschrank

Entsafter zum Bereiten von Obst und Gemüsesäfte

Anhang

Die Verdauung

Im **Mund** beginnt die Verdauung. Durch Kauen werden die Speisen mechanisch zerkleinert. Das vergrößert ihre Oberfläche. Die Verdauungssäfte (Fermente, Enzyme) können besser angreifen. Der Abbau der Kohlenhydrate beginnt im Mund.

Durch die Speiseröhre gelangt der Speisenbrei in den **Magen.** Er ist mit einer Schleimhaut ausgekleidet, die den Magensaft absondert. Die Menge richtet sich nach der Art der Nahrung. Ständige Bewegung der Magenmuskeln sorgt für gutes Durchmischen. Der Eiweißabbau beginnt, der Kohlenhydrate-Abbau wird fortgesetzt. Etwa eine bis mehrere Stunden bleiben die Speisen im Magen. Dann werden sie durch den „Pförtner" schubweise in den **Zwölffingerdarm** (Duodenum) abgegeben und weiter verdaut. Fermente aus der Bauchspeicheldrüse kommen zu und die Gallenflüssigkeit. Sie ist unentbehrlich für die Verdauung des Fettes. Gebildet wird die Gallenflüssigkeit in der **Leber,** gesammelt in der Gallenblase. Auf besonderen Reiz hin, wenn Fett verdaut werden soll, zieht sich die **Gallenblase** zusammen und gibt Gallenflüssigkeit in benötigter Menge an den Zwölffingerdarm ab. Die kleinsten Nährstoffbausteine gehen durch die Wand des Dünndarms hindurch in den Blut- und Lymphkreislauf über. Sie gelangen zur **Leber.** Hier erfolgt dann die Umwandlung der Nährstoffe und der Aufbau der körpereigenen Stoffe. Eine weitere wichtige Aufgabe der Leber ist Gift- und Schadstoffe (z. B. auch Alkohol), die in den Körper gelangen, unschädlich zu machen.

Nicht verwertbare und unverdauliche Nahrungsbestandteile werden wieder ausgeschieden.

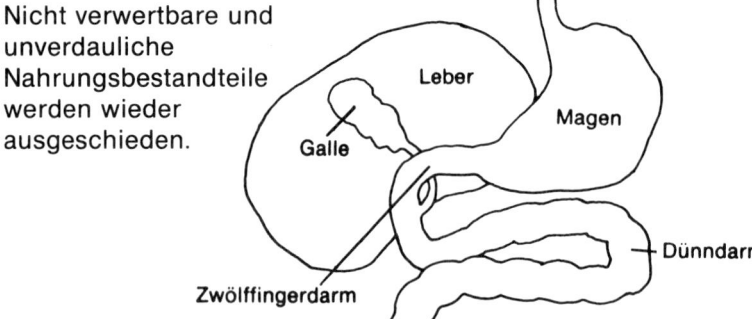

Leber

Galle

Magen

Dünndarm

Zwölffingerdarm

Durchschnittliche Verweildauer der Speisen im Magen

1–2 Stunden
200 g Wasser, Tee, Milch, Fleischbrühe
1 weiches Ei

2–3 Stunden
70 g Weißbrot, Zwieback
100 g rohes Rindfleisch, Wurst, Rührei
150 g gek. Blumenkohl, Spargel, Kartoffelbrei
200 g gek. Fisch

3–4 Stunden
100 g Schwarzbrot
100 g Kalbsbraten
150 g Äpfel, Spinat gek., gekochter Schinken
250 g gekochtes Rindfleisch

4–5 Stunden
150 g Linsenbrei
200 g Schlagsahne
250 g gebratene Gans

Durchschnittliches Idealgewicht Erwachsener

Männer		**Frauen**	
Größe in cm	Idealgewicht in kg	Größe in cm	Idealgewicht in kg
160	58–63	158	52–57
164	62–67	160	54–58
168	65–71	162	55–59
172	68–74	164	56–61
176	71–77	168	58–64
180	74–80	170	60–65
184	77–83	174	63–67

Schonkost-Garmethoden

Dünsten

Für Gemüse, Obst, Fleisch, Fisch.
Garen in wenig gewürzter Flüssigkeit (Wasser, Brühe, Milch), der Topfboden soll gerade bedeckt sein; im geschlossenen Topf.
Während des Garens den Topf möglichst nicht öffnen, um Verdunsten der Flüssigkeit zu vermeiden. Hitze auf Mittelstufe regulieren.

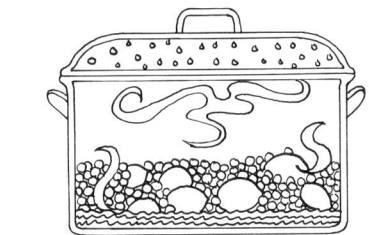

Tip: Butter oder Margarine erst den fertigen Speisen zusetzen, Flüssigkeit mitverwenden.

Der Tontopf und feuerfestes Geschirr

haben den Vorteil, daß darin zubereitete Speisen gleich serviert werden können. Im Tontopf bräunen Speisen nicht. Das Garen verlangt wenig Aufmerksamkeit.

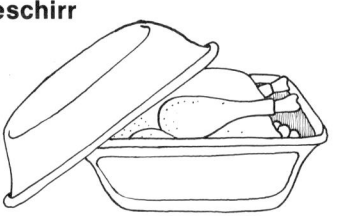

Druckgaren im Dampfdrucktopf

für alle Lebensmittel und Gerichte mit längerer Garzeit. Die Speisen garen bei leichtem Überdruck und sind dadurch schneller fertig. Die Zeitersparnis bei allen Gerichten beträgt mehr als 75 %.
– Vitamine und Mineralstoffe bleiben sehr gut erhalten
– Speisen sind gut bekömmlich
Anleitung des Herstellers genau beachten.
Durch „Turmkochen" mit den Einsätzen können Sie ein ganzes Menü: Fleisch, Gemüse, Kartoffeln auf einmal zubereiten.

Braten in beschichteten Pfannen

Für Fleisch, Fisch, Eierspeisen.
Eine Spezialbeschichtung ermöglicht Braten ganz ohne Fett.
– Nur goldgelb bräunen.
– Vorsichtig behandeln.
  Spezialschicht nicht durch
  scharfe, spitze
  Gegenstände zerstören.
– Pfannen nicht überhitzen

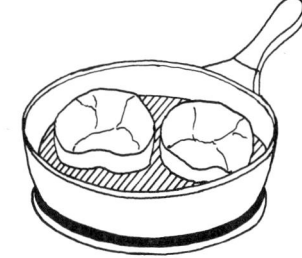

Grillen

Garen durch Strahlungshitze im Tisch- oder Backofengrill, zwischen beheizten Platten im Kontaktgrill (für kleine Portionen geeignet). Fleisch und Fisch bleiben saftig und aromatisch, die Vitamine und Nährstoffe gut erhalten.
– Fettarme Garmethode –
  Lebensmittel werden
  nur mit Öl eingepinselt.
– Lebensmittel bräunen,
  das erhöht den Geschmackswert
  (nur goldgelb bräunen
  lassen, Speisen dürfen keine
  feste Kruste bekommen).
– Auf Holzkohlen gegrillte
  Speisen sind für Schonkost nicht
  erlaubt (Röststoffe, Rauchbestandteile).

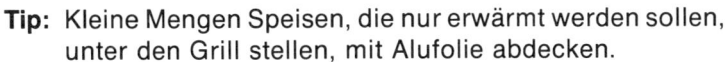

Tip: Kleine Mengen Speisen, die nur erwärmt werden sollen, unter den Grill stellen, mit Alufolie abdecken.

Überbacken

(Gratinieren) nennt man kurzes Bräunen der Oberfläche von fertigen Speisen unter dem Grill oder im Backofen. Im Backofen die Oberhitze groß schalten, die Speisen hoch einschieben.

Anhang

Garen in Alufolie

Für Fleisch, Fisch, Geflügel, Gemüse, Obst,
auch verschiedene Zutaten zusammen.
Lebensmittel vorbereiten, würzen, auf leicht gefettetes
Folienstück legen – hochglänzende Seite innen – und locker
tortenstückähnlich, aber luft- und wasserdicht, zusammen-
kniffen, verschließen.
Die „Päckchen"-Speisen können überall beigepackt werden: Im Backofen, Grill, Wasser, im Dämpfer.
– Speisen garen im eigenen Saft – ohne Bräunung. Nährstoffe, Aroma bleiben gut erhalten.
– Günstig für kleine Portionen „Zusammengekochtes"

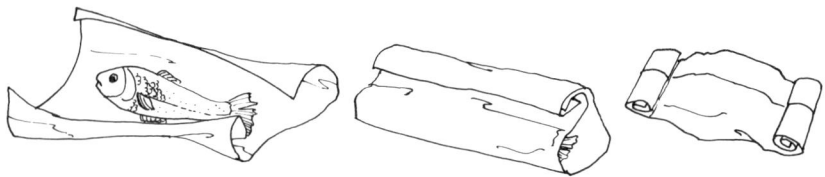

Garen in Bratfolie

Durchsichtige Folie zum Braten ohne Fett.
Mit gleichen Vorteilen wie Alufolie. Aber die Lebensmittel
bräunen. Diese Folie kann nicht zum Grillen verwendet werden. Sie ist nicht beständig gegenüber höheren Temperatu-
ren als 220°. Speziell für Braten im Backofen geschaffen.

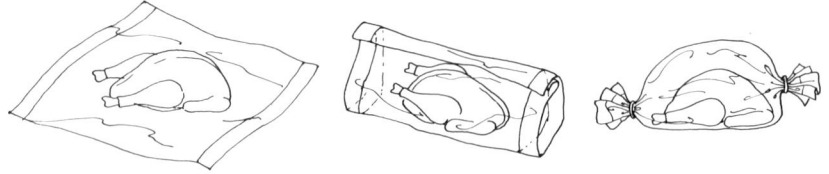

Tip: Vorbereitete Portionen von Fleisch- und Fischgerich-
ten in Bratfolie verpacken, zum Schutz in Polybeutel
stecken, tiefgefrieren. Bei Bedarf noch tiefgefroren in
den Backofen schieben. Nur goldgelb braten.

Verzeichnis der Rezepte

Verzeichnis der Rezepte